Gudrun Schmitt

Spielsachen
aus Holz

Tolle Ideen zum Selbermachen

INHALTSVERZEICHNIS

3   VORWORT

4   ALLGEMEINE ANLEITUNG

6   WISSENSWERTES ÜBER SPIELSACHEN: KINDER WOLLEN SPIELEN!

8   IDEEN FÜR DIE KLEINSTEN
8   Hampelkänguru
10 Schiebeente
12 Schiebespaß
14 Stecktiere
16 Puzzles
18 Meine erste Eisenbahn
20 Klettermaus

22 SPIELEN & LERNEN
22 Lernuhr
24 Fädelclown
26 Fädelraupe
26 Steckspiel
28 Rechenschieber

30 Lustiges ABC
32 Anziehmaus
34 Legespiel

36 BELIEBTE KLASSIKER
36 Murmelspiel
38 Angelspiel
40 Kuller-Dschungel
42 Ritterburg
44 Puppenwagen
46 Wiege
48 Puppenhaus
50 Parkgarage
52 Arche Noah
54 Kasperle-Theater
56 Kaufladen
58 Leckereien für den Kaufladen

60 SPIELE FÜR DRAUSSEN
60 Hüpfseile
62 Sommerski
64 Geschicklichkeitsspiel
66 Wurfspiel
68 Kegelspiel
70 Krocket

72 VORLAGEN

80 IMPRESSUM

Spielsachen aus Holz

Spielsachen aus Holz sind für Kinder jeden Alters wunderbar geeignet. Sie sind robust, vollkommen natürlich und dazu noch schön anzuschauen. Etwas ganz Besonderes ist selbst gemachtes Holz-Spielzeug. Als liebevolles Geschenk macht es allen Kindern eine riesige Freude und schont zudem noch den Geldbeutel.

In diesem Buch finden Sie für alle Altersstufen tolle Ideen zum Selbermachen. Die Kleinsten freuen sich über ein Schiebetier oder lustige Steckfiguren. Größere Kinder finden Klassiker wie Ritterburg, Puppenhaus oder Kaufladen toll. Spielerisch lernen können alle mit einem witzigen Rechenschieber, einem Fädelclown oder einem Buchstabenspiel. Und draußen sorgen Hüpfseile, ein Wurfspiel oder Sommerski für Riesen-Spaß.

Ausführliche Beschreibungen, genaue Vorlagen und viele hilfreiche Tipps machen das Nacharbeiten ganz leicht.

Viel Spaß beim Herstellen der tollen Spielsachen und riesigen Spiel-Spaß für die Kinder!

Schwierigkeitsgrad

◎ einfaches Motiv
◎◎ etwas schwierigeres Motiv
◎◎◎ anspruchsvolles Motiv

Tipps

Sie finden in diesem Buch zahlreiche Tipps und Tricks, damit Ihnen das Basteln noch mehr Spaß macht. Orientieren Sie sich bitte an den folgenden Symbolen:

Bastel-Tipp

Oft sind es nur ein paar kleine Handgriffe, die das Arbeiten leichter machen. Diese Kniffe verraten wir Ihnen bei den Bastel-Tipps.

Variations-Tipp

Das Modell sieht auch in einer anderen Farbe oder mit anderen Materialien toll aus? Bei den Variations-Tipps finden Sie Vorschläge, wie Sie das Modell abändern können.

Anwendungs-Tipp

Sie suchen ein Modell, das z. B. gut als Geschenk geeignet ist, oder Sie überlegen, wie und wofür Sie das Modell hinterher verwenden können? Dann helfen Ihnen die Anwendungs-Tipps weiter.

Einkaufs-Tipp

Wo bekomme ich was? Die Einkaufs-Tipps verraten, wo Sie am besten bestimmte Materialien einkaufen, damit Sie nicht stundenlang in verschiedenen Geschäften danach suchen müssen.

Spar-Tipp

Damit Sie noch genügend Geld für die anderen schönen Dinge des Lebens übrig behalten, zeigen wir Ihnen bei den Spar-Tipps Tricks und Möglichkeiten auf, die den Geldbeutel lachen lassen.

IHRE GRUND-
AUSSTATTUNG

Folgende Materialien und Hilfsmittel werden für die meisten der in diesem Buch gezeigten Modelle verwendet. Sie werden in den einzelnen Materiallisten nicht nochmals aufgeführt:

- Transparentpapier
- Kohlepapier
- dünner Karton
- Schere
- Bleistift, weich und hart
- Spitzer, Radiergummi
- Holzleim
- Laub- oder Dekupiersäge
- feine Sägeblätter für Holz und Metall
- Bohrmaschine mit verschiedenen Bohrern
- verschiedene Pinsel
- Schmirgelpapier mit 100er-Körnung oder Schleifschwamm
- evtl. Deltaschleifer
- kleine Holzfeilen
- Rundfeilen
- Schraubendreher
- Hammer
- Schraubstock, Kombizange oder Schraubzwinge
- Klarlack auf Wasserbasis
- Baumwolltuch

DIE WICHTIGSTEN MATERIALIEN

- Pappelsperrholz in verschiedenen Stärken
- Bastler- oder Leimholz
- Kanthölzer
- Rundholzstäbe
- Rohholzkugeln
- Spielzeugfarbe oder Dekorwachs (schweiß- und speichelecht)

HINWEIS
Als „Rest" ist immer ein Stück gemeint, das maximal A5 groß ist.

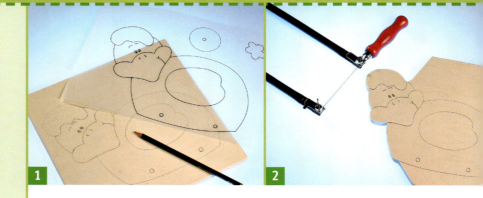

So geht es

1 Die eventuell vergrößerten Motive mit einem Bleistift von der Vorlage auf Transparentpapier übertragen. Wenn sich Motivteile überschneiden, diese ohne Überschneidungen nebeneinander abpausen. Anschließend das Transparentpapier umdrehen und die Linien nun auf der Rückseite nochmals mit einem weichen Bleistift nachzeichnen. Diese Seite auf das Holz legen und die Linien mit einem harten Bleistift kräftig nachziehen. Jetzt ist das Motiv auf dem Holz sichtbar.

2 Anschließend die Motivteile mit einer Laub- oder Dekupiersäge aussägen. Zum Sägen am besten feine Sägeblätter verwenden, so splittert das Holz kaum. Wichtig ist, dass die Sägezahnspitzen nach unten zeigen. Beim Sägen von Rundungen das Motiv langsam drehen.

3 Für Innenausschnitte in das auszusägende Teil ein Loch bohren, das Sägeblatt durchziehen und auf der anderen Seite wieder in die Laub- oder Dekupiersäge einspannen. Bei Motiven, deren Innenteil noch benötigt wird (z. B. Puzzles), das Loch am besten an einer Ecke einer Außenlinie anbringen. Hierbei die Bohrung nur gerade so groß wählen, dass das Sägeblatt durchgezogen werden kann. Evtl. kann die Stelle der Bohrung später mit Holzkitt ausgebessert werden. Anschließend die Löcher gemäß Vorlage in das Motiv bohren. Hier ist es hilfreich ein Holzstück unterzulegen, damit das Holz nicht splittert. Beim Vorbohren von Löchern den Durchmesser der Bohrung immer etwas kleiner wählen, als später der Durchmesser der Schraube ist.

4 Kanten mit Schmirgelpapier oder einem Schleifschwamm glätten. Bei großen Motiven können die Kanten auch mit einem Deltaschleifer geschliffen werden. Kleine Rundungen mit einer feinen Feile bearbeiten. Hierbei die Kanten von innen nach außen feilen. Löcher mit einer pas-

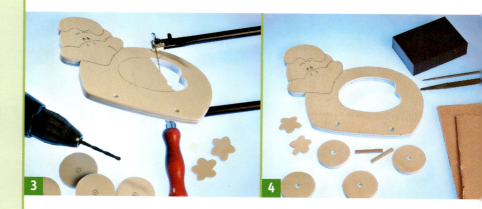

ALLGEMEINE ANLEITUNG

senden Rundfeile bearbeiten. Dann die Oberfläche mit Schmirgelpapier glätten. Nach dem Schmirgeln der Kanten nochmals mit einem Schleifschwamm über die Flächen schmirgeln. Vor dem Bemalen die Teile mit einem trockenen Baumwolltuch von Staub befreien.

5 Die Motive mit Spielzeugfarbe auf Wasserbasis gemäß Abbildung und Vorlage bemalen. Zuerst die Flächen bemalen. Soll die Holzmaserung sichtbar bleiben, die Farben stark mit Wasser verdünnen. Bei nebeneinander liegenden Farbflächen die zuerst aufgetragene Farbe trocknen lassen, bevor die zweite Farbe aufgetragen wird. Beim Schattieren von Farbflächen die Farben verdünnt ineinander malen. Das Sperrholz kann auch mit Wasser befeuchtet werden, dann die Farben auftragen und die Übergänge mit einem Pinsel, Papiertuch oder Schwamm verwischen. Gut trocknen lassen.

6 Gesichter, Zierlinien etc. mit einem dünnen Pinsel auftragen. Sollten die Bleistiftlinien nicht mehr gut sichtbar sein, Vorlage nochmals auf das Motiv legen und alles mit einem harten Bleistift übertragen.

7 Anschließend die Teile gemäß der jeweiligen Anleitung und Vorlage mit Holzleim zusammenleimen bzw. -schrauben.

Herstellen von Schablonen für Verzierungen aus Filz

Transparent- oder Butterbrotpapier auf die Vorlage legen und das Motiv mit einem weichen Bleistift nachzeichnen. Anschließend auf beliebigen Karton kleben und ausschneiden. Die fertigen Schablonen auf das gewünschte Filzstück legen, mit einem weichen Bleistift umfahren und anschließend den Filz ausschneiden. Um Filz an Holz zu kleben am besten Holzleim verwenden.

Tipps

▶ Für alle Spielsachen wurde spezielle Spielzeugfarbe verwendet. Diese ist schweiß- und speichelecht. Bitte verwenden Sie keine andere Farbe.

▶ Achten Sie vor allem bei Spielsachen für Kinder unter drei Jahren unbedingt darauf, alle Kleinteile gut zu befestigen, damit sie nicht verschluckt werden können!

▶ Um Bohrungen in Holzkugeln anzubringen, diese am besten in einen Schraubstock spannen. Sie können stattdessen auch eine Zange oder eine Schraubzwinge zum Festhalten der Kugeln verwenden. Anschließend Bohrungen mit einer passenden Rundfeile versäubern.

▶ Für die Laubsäge gibt es im Fachhandel zur Befestigung kleine Brettchen, die an den Tisch geschraubt werden. So können Sie das Werkstück besser aussägen.

▶ Werden Holzteile aufeinander geleimt, können Sie zum besseren Halt Schraubzwingen verwenden. Schraubzwingen nie direkt am Holz befestigen, sondern Holzreste oder Pappe dazwischen legen.

▶ Zum Schutz unbemalter Flächen können Sie diese mit Klarlack auf Wasserbasis überziehen. Achten Sie dabei darauf, dass auch dieser Lack für Kinderspielzeug geeignet ist.

▶ Um vorgebohrte Kugeln zu bemalen, zieht man sie am besten auf einen Draht oder passenden Stift. Bei ungebohrten Kugeln zunächst eine Hälfte bemalen und trocknen lassen, anschließend den Rest bemalen.

▶ Um Bemalungen auf Kugeln zu übertragen, Vorlage auf Transparent- oder Butterbrotpapier abpausen und Kohlepapier zwischen Kugel und Vorlage legen. Die Bemalung mit einem Bleistift auf die Kugel übertragen.

WISSENSWERTES ÜBER SPIELSACHEN

Kinder wollen spielen!

Zum Kindsein gehört spielen einfach dazu. Was gibt es Schöneres, als in einer Fantasiewelt zu versinken, nach Herzenslust zu toben, mit Freunden in verschiedene Rollen zu schlüpfen, stolz ein Puzzle zu meistern oder einfach nur ein Auto in Bewegung zu setzen?! Auch wir Erwachsenen erinnern uns gerne an unbeschwerte Kindertage, die mit den schönsten Spielen ausgefüllt waren.

Was macht gutes Spielzeug aus?

In den ersten beiden Lebensjahren sollten Kinder so viel wie möglich spielen, denn Spielen fördert die Entwicklung des Gehirns und der Intelligenz. Heute überschwemmt häufig Billigspielzeug die Kinderzimmer – noch nie hatten Kinder so viele Spielsachen. Aufgrund dieses Überflusses und Überangebotes stellen sich Eltern immer wieder die Frage: Was macht gutes Spielzeug aus? Wichtig ist zunächst, dass Spielzeug altersangemessen ist und so spielerisch die Entwicklung fördert.

Das lieben Babys und Kleinkinder

Babys bis zu sechs Monaten mögen gerne Spieluhren, Rasseln, Luftballons und Mobiles. Krabbelkinder interessieren sich für Spielzeug, das zu Bewegung anregt, wie z. B. Schiebetiere oder Bälle, und für alles, was sich bewegen lässt. Das kann zum Beispiel eine Hampelfigur sein. Später wird dann die Schulung der Feinmotorik interessant. Einfache Puzzles und Steckspiele eignen sich hierfür besonders.

Ab 2 Jahren: wie die Großen

Kinder ab ca. zwei Jahren lieben es, die Erwachsenenwelt zu imitieren. Puppenhaus, Kaufladen, Parkgarage, Kinderwagen und mehr eignen sich dazu bestens. Auch Rollenspiele werden mit zunehmendem Alter beliebt. Mit einer Ritterburg lassen sich großartige Abenteuer bestehen, Tiere erleben in der Arche spannende Geschichten und das Puppenkind wird im Wagen ausgefahren oder in sein Bettchen gelegt.

Das kann ich schon

Spielerisches Lernen macht allen Kindern Spaß. Mit einer bunten Uhr lässt sich das Ablesen der Zeit üben, Fädelfiguren helfen beim Knoten und Schleifen binden, ein Rechenschieber macht das Zählen, Zusammenzählen und Abziehen leicht, Buchstabenspiele vermitteln das Alphabet und, und, und.

Zeit zu toben!

Bewegung an der frischen Luft, Rennen und Hüpfen sind für die kindliche Entwicklung ebenfalls von großer Bedeutung. Hüpfseile, Wurfspiele und Balancierübungen fördern das Körpergefühl und den Gleichgewichtssinn und tragen so zur gesunden Entwicklung Ihres Kindes bei.

Die Mischung macht's

Mit Spielen werden die verschiedensten Fähigkeiten erlernt, deshalb sollten auch Spielsachen abwechslungsreich und vielfältig sein. Nicht auf die Menge kommt es an, sondern auf die Qualität!
Wahrnehmungs- und Bewegungsspiele fördern z. B. das Selbstbewusstsein. Das Probieren, Bauen und Gestalten ist gut für die Kreativität. Mit Rollenspielen werden Sozialbewusstsein und Einfühlungsvermögen geschult und Gesellschaftsspiele helfen beim Erlernen und Einhalten von Regeln. Bieten Sie also Ihrem Kind von jedem Etwas und achten Sie darauf, dass die Spielsachen robust, langlebig, altersangemessen und vielseitig sind. Und vergessen Sie nicht: Auch die Gesellschaft Erwachsener und gleichaltriger Spielkameraden ist wichtig und kann durch kein Spielzeug ersetzt werden!

Kleine Spielsachen-Geschichte

Schon die Römer lebten ihren Spieltrieb aus: Murmeln und Holzpferdchen auf Rädern waren sehr geschätzt. Bevor aber eine unglaubliche Vielfalt an Spielzeug die Kinderzimmer eroberte, sollte noch viel Zeit vergehen.
Lange behalfen sich vor allem Kinder aus ärmeren Familien mit Natur- oder Gebrauchsgegenständen, die mit viel Fantasie zum Leben erweckt wurden.
Im 17. Jahrhundert begann in Nürnberg die gewerbliche Produktion von Spielwaren. Und bis heute ist Nürnberg mit der Spielwarenmesse ein wichtiger Umschlagplatz für die Spielwarenbranche. Wohlbetuchte Eltern schenkten ihrem Nachwuchs Spielzeug, dessen Aufgabe es war, die Kinder auf das Erwachsenenleben vorzubereiten. Mit Puppenhäusern oder Handarbeitskästen wurden junge Damen auf ihre zukünftige Rolle als Ehefrau vorbereitet, Jungs spielten mit Zinnsoldaten, Baukästen oder mit einem Papiertheater, um männliche Fertigkeiten zu trainieren. Da es bis ins 19. Jahrhundert Kindheit in unserem heutigen Sinne nicht gab und Kinder Miniatur-Ausgaben von Erwachsenen waren, war das Anfassen von Spielsachen auch nur mit größter Vorsicht erlaubt. In der Biedermeierzeit entstanden kostbare Spielsachen, die heute hohen Sammlerwert haben.
Anfang des 20. Jahrhunderts forderten Reformpädagogen das Recht auf eine unbeschwerte Kindheit. Die Spielzeugsortimente wuchsen, große Spielzeugfirmen wie Steiff und Märklin entstanden und in dieser Zeit kam auch das Kinderzimmer auf. In armen Familien allerdings wurde Spielzeug nach wie vor aus Alltagsgegenständen improvisiert oder selbst gemacht.
Mit den 50er-Jahren unseres Jahrhunderts hielt Plastik in den Kinderzimmern Einzug. Dessen Siegeszug ließ sich auch in den 60ern nicht aufhalten, denn Kunststoff ist billig, schön bunt und lässt sich leicht formen. Gleichzeitig besinnen sich Pädagogen und Eltern aber auch wieder auf natürliche Materialien. Heute wird auf eine Mischung der verschiedenen Materialien Wert gelegt.

IDEEN FÜR DIE KLEINSTEN

Kleine Kinder lieben einfache Formen und alles, was sich bewegen lässt. Mit selbst gemachten Spielsachen aus Holz können Sie diesen Vorlieben gerecht werden und Ihren Kleinsten helfen, die Welt zu begreifen.

IDEEN FÜR DIE KLEINSTEN

Hampelkänguru

→ wo ist das Baby?

1 Alle Teile aus Sperrholz aussägen, den Schlitz sägen und die Löcher gemäß Vorlage durchgehend bohren. Dann glatt schleifen.

2 Für Arme und Beine vier je 1,2 cm lange Stücke Rundholzstab in den Körper leimen. In den Kopf des kleinen Kängurus von der Rückseite zwei 1,2 cm lange Rundholzstäbe kleben.

3 Alle Teile bemalen und trocknen lassen.

4 Arme und Beine auf die Rundholzstäbe stecken und die Rundstäbe des kleinen Kängurus von der Vorderseite durch den Schlitz stecken. Den schwarzen Faden durch die entsprechenden Bohrungen (ø 3 mm) ziehen, verknoten und Arme und Beine gemäß Vorlage miteinander verbinden. Bei den Beinen den Faden zusätzlich um den unteren Rundholzstab des kleinen Kängurus führen.

5 Auf die Enden der Rundholzstäbe je eine Unterlegscheibe kleben. Einen Faden von der Mitte der verbundenen Arme zu den Beinen führen und rechts und links neben dem letzten Rundholzstab verknoten. Anschließend den Faden ca. 17 cm weiterführen, verdrehen und die rote Perle an das Ende knoten.

6 Die Tasche aus Filz zuschneiden und mit Holzleim entlang der unteren Kante aufkleben. Das Känguru am eingezogenen Wollfaden aufhängen.

Bastel-Tipp

Überprüfen Sie während des Zusammenfügens immer wieder, ob sich das Tier gut bewegen lässt. Falls nicht, vergrößern Sie entweder bei Armen und Beinen die Löcher für die Rundholzstäbe mit einer Feile oder variieren die Länge des Fadens.

MOTIVHÖHE
42 cm

MATERIAL
- Sperrholz, 6 mm stark, 45 cm x 30 cm
- Rundholzstab, ø 5 mm, 6 x 1,2 cm lang
- 6 Unterlegscheiben, ø 6 mm, 0,5 mm stark
- Rohholzkugel in Rot, gebohrt, ø 1,5 cm
- Filzrest in Blau
- dünne Wolle in Schwarz
- Spielzeugfarbe in Braun, Rot, Schwarz, Weiß, Gelb und Blau
- Bohrer, ø 3 mm und 5 mm

VORLAGENBOGEN A

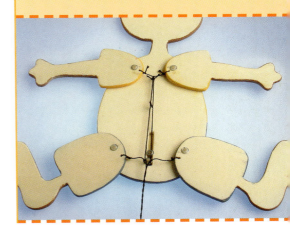

Schiebeente

→ **hilft beim selbstständigen Laufen**

MOTIVHÖHE
57 cm

MATERIAL
- Sperrholz, 1,2 cm stark, 60 cm x 25 cm
- Sperrholzrest, 4 mm stark
- Rundholzstab, ø 8 mm, 53 cm lang
- Rohholzkugel, gebohrt, ø 4 cm
- Spielzeugfarbe in Gelb, Orange, Rot, Schwarz und Weiß
- Bohrer, ø 8,5 mm

VORLAGE SEITE 72

1 Ente und Räder aus dem 1,2 cm starken Sperrholz zweimal aussägen. Die Herzen und zwei Unterlegscheiben (ø 2 cm) zweimal aus dem 4 mm starken Sperrholz aussägen.

2 Ein Loch für den Stab (ø 8,5 mm, 1 cm tief) etwas schräg nach vorne zum Entenkopf in den Körper bohren. In den Entenkörper, die Räder und die Unterlegscheiben durchgehende Löcher (ø 8,5 mm) bohren. Die Bohrung in der Rohholzkugel auf ø 8,5 mm vergrößern.

3 Den Rundholzstab in ein 47,5 cm langes und ein 5,5 cm langes Teil sägen. Alles schleifen. Anschließend die Ententeile aufeinander leimen und die Kanten nochmals nachschleifen. Alle Teile bemalen und trocknen lassen.

4 Die Holzkugel auf den Stab leimen, anschließend den Stab in die entsprechende Bohrung leimen. Den 5,5 cm langen Rundstab mittig durch die Bohrung für die Räder schieben, die Unterlegscheiben aufstecken und die Räder an die Enden des Stabes leimen. Anschließend die Herzen auf die Räder kleben.

Bastel-Tipp

Damit die Räder rund werden, gibt es im Baumarkt einen Kreisschneider, der in die Ständerbohrmaschine eingespannt wird. Sie können aber auch fertige Räder verwenden, die es ebenfalls im Baumarkt zu kaufen gibt.

IDEEN FÜR DIE KLEINSTEN

Schiebespaß

→ für Krabbelkinder

MOTIVHÖHE
Auto 14 cm
Huhn 18,5 cm

**MATERIAL
AUTO**
- Sperrholz, 1,2 cm stark, 15 cm x 30 cm
- 4 Rohholzkugeln, gebohrt, ø 1,5 cm
- 2 Rundholzstäbe, ø 5 mm, je 6,5 cm lang
- 4 Unterlegscheiben, ø 3 cm
- Spielzeugfarbe in Grün, Blau, Grau und Weiß
- Bohrer, ø 5 mm

HUHN
- Sperrholz, 1,2 cm stark, 25 cm x 35 cm
- Sperrholzrest, 4 mm stark
- 2 Rundholzstäbe, ø 5 mm, 4 cm lang
- Spielzeugfarbe in Rot, Weiß, Orange, Schwarz, Grau und Gelb
- 4 Unterlegscheiben, ø 3 cm
- Bohrer, ø 5 mm

VORLAGE SEITE 73

1 Die Teile aus Sperrholz aussägen und durchgehende Löcher (ø 5 mm) für die Räder senkrecht bohren. Alles bemalen und trocknen lassen.

2 Auf die Innenseite der Räder mit Holzleim die Unterlegscheiben kleben. Die Rundholzstäbe durch die Bohrungen schieben und die Räder darauf leimen. Beim Auto darauf achten, dass die Kugeln noch auf den Rundholzstab geklebt werden. Hier die Enden des Rundholzstabes noch blau bemalen. Beim Huhn die Blumen auf die Räder kleben.

Bastel-Tipp

Die Löcher für die Räder müssen Sie unbedingt genau senkrecht bohren, damit die Räder rund laufen. Sind die Räder zu schwergängig, können Sie die Bohrungen auf ø 5,5 mm vergrößern.

IDEEN FÜR DIE KLEINSTEN

Stecktiere

→ für lustige Kombinationen

MOTIVHÖHE
21 cm

MATERIAL für beide Spiele
- Pappelsperrholz, 1,2 cm stark, 80 cm x 80 cm
- 12 Rohholzkugeln, gebohrt, ø 3 cm
- 5 Rohholzkugeln, gebohrt, ø 2 cm
- Rundholzstab, ø 6 mm, 1,20 m lang
- Paketschnur in Natur
- Spielzeugfarbe in Hellrosa, Rosa, Grau, Rot, Schwarz, Weiß, Gelb, Orange, Grün, Dunkelgrau und Braun
- Rundfeile, ø 2 mm und 6 mm
- Bohrer, ø 2 mm und 6 mm

VORLAGENBOGEN A

1 Für die Grundplatten zwei Rechtecke (39 cm x 14,6 cm) aussägen. 7,5 cm, 19,5 cm und 31,5 cm vom linken Rand entfernt mittig Löcher (ø 6 mm, ca. 1 cm tief) bohren. Alle Sperrholzteile aussägen und die Löcher (ø 2 mm) für Arme und Beine gemäß Vorlage bohren. Die restlichen Löcher (ø 6 mm) bohren. Alle Kanten schleifen und die Bohrungen mit einer Rundfeile versäubern. Die Bohrungen in den Holzkugeln auf ø 6 mm vergrößern und mit der Rundfeile versäubern.

2 Alles mit Spielzeugfarbe bemalen und trocknen lassen.

3 Die Rundholzstäbe in sechs 20 cm lange Stücke sägen und in die Löcher in der Grundplatte leimen. Das andere Ende glatt schleifen. Die Paketschnur in beliebiger Länge durch die Bohrungen ziehen und eng am Körper verknoten. Füße, Hände und Flügel daran knoten. Dabei unbedingt darauf achten, die Schnur mehrmals gut zu verknoten, damit sich die Teile nicht lösen können.

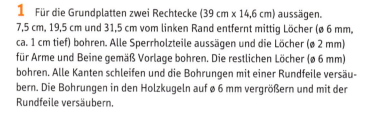

Variations-Tipp

Lustig sieht es auch aus, wenn Sie die Holzkugeln und die Grundplatte ebenfalls bunt anmalen.

IDEEN FÜR DIE KLEINSTEN

Puzzles
→ ganz einfach

MOTIVHÖHE
Schäfchen 2,5 cm
Blumenwiese 13 cm

MATERIAL
SCHÄFCHEN
- Sperrholz, 1,2 cm stark, 25 cm x 30 cm
- Spielzeugfarbe in Weiß, Rot, Schwarz und Grau

BLUMENWIESE
- Sperrholz, 6 mm stark, 32 cm x 32 cm
- Sperrholz, 1,2 cm stark, 40 cm x 40 cm
- 3 Rohholzperlen, ungebohrt, ø 1,5 cm
- Rundholzstab, ø 5 mm, 33 cm lang
- Bohrer, ø 5 mm

VORLAGENBOGEN A

Schäfchen

Alle Teile aus Sperrholz aussägen, bemalen und trocknen lassen. Den Kopf des großen Schafes aufleimen.

Schleifen Sie die Teile nicht zu stark, da das Puzzle sonst nicht mehr genau ineinander passt.

Blumenwiese

1 Aus dem 1,2 cm starken Sperrholz den Kreis mit den Insekten aussägen. Hierzu in den Rand der Motive ein kleines Loch bohren, Sägeblatt durchziehen und auf der anderen Seite wieder in den Sägebogen spannen. Die Motive aussägen, dann die Bohrungen (ø 5 mm, ca. 5 mm tief) in den Insekten anbringen und etwas schleifen.

2 Die Blumen aussägen. In sie gemäß der Abbildung ein Loch (ø 5 mm, ca. 1 cm tief) bohren. In die Bodenplatte für die Blumenstiele die Löcher (ø 5 mm) durchgehend bohren.

3 Die zweite Platte aus dem dünneren Sperrholz aussägen und von der Unterseite gegen die erste Platte leimen. Nach dem Trocknen die Außenkanten schleifen.

4 Insekten und Blumen bemalen und trocknen lassen. Den Rundholzstab in vier je 7,5 cm lange und drei je 1 cm lange Stücke teilen. Die 7,5 cm langen Stücke grün bemalen. Die 1 cm langen Stücke in die Bohrungen der Insekten kleben. In die Rohholzkugeln Löcher (ø 5 mm, 5 mm tief) bohren und auf die Rundholzstäbe in den Körpern leimen.

Sie können die Stiele der Blumen auch in den Blumen festkleben, sodass diese aus nur einem Teil bestehen.

IDEEN FÜR DIE KLEINSTEN

Meine erste Eisenbahn
→ lustige Fahrt

MOTIVHÖHE
11 cm

MATERIAL
- Sperrholz, 1,2 cm stark, 50 cm x 40 cm
- 3 Rohholzkugeln, gebohrt, ø 4 cm
- 6 Rohholzkugeln, ungebohrt, ø 2 cm
- 4 Rohholzkugeln, ungebohrt, ø 2,5 cm
- 3 Figurenkegel, 5 cm hoch
- Rundholzstab, ø 8 mm, 62,5 cm lang
- Rundholzstab, ø 5 mm, 25,2 cm lang
- Spielzeugfarbe in Schwarz, Rot, Weiß, Gelb, Grün, Grau und Blau
- Bohrer, ø 5 mm und 8 mm

VORLAGE SEITE 72 + 76

1 Die Grundplatte (37 cm x 37 cm) aussägen. In diese die Fahr- bzw. Laufspuren sägen. Dazu ein kleines Loch bohren, Sägeblatt durchziehen und auf der anderen Seite des Sägebogens wieder einspannen. Die Kanten außen und innen schleifen.

2 Den 62,5 cm langen Rundholzstab (ø 8 mm) teilen: 3 x 9,5 cm für die Bäume, 2 x 7 cm und 2 x 8 cm für das Dach und 4 x 1 cm für die Füße auf der Unterseite. Den 25,2 cm langen Stab (ø 5 mm) in 6 x 4,2 cm teilen.

3 Die übrigen Holzteile aussägen. Die Löcher in die Lokomotive, die Waggons und die Figurenkegeln unten mittig bohren (ø 5 mm, 5 mm tief). In die Grundplatte für die Bäume, die Haltestelle und die Füße Löcher bohren (ø 8 mm, ca. 5 mm tief). Alle Teile bemalen und trocknen lassen.

4 In die vier Rohholzkugeln (ø 2,5 mm) für die Füße ca. 5 mm tiefe Löcher (ø 8 mm) bohren. In diese die 1 cm langen Stücke Rundholz leimen, dann in die Bohrungen an der Grundfläche leimen. Die Rundholzstäbe (ø 5 mm) in die Löcher in der Eisenbahn leimen, die Bahn auf die Fahrspur setzen und von der anderen Seite die durchgebohrten Kugeln (ø 5 mm) so auf die Stäbe leimen, dass die Bahn leicht in der Fahrspur läuft. Die Figurenkegeln genauso anbringen.

5 Die Rundholzstäbe in die Bäume leimen, ihre Enden grün anmalen und die Stäbe in die Platte kleben. Das Dach auf die mit einer Feile angeschrägten Rundholzstäbe leimen, dabei die längeren Rundholzstäbe vorne anbringen. Zum Schluss die Häuser auf die Grundplatte kleben.

Einkaufs-Tipp
Figurenkegel erhalten Sie im Bastelfachhandel.

IDEEN FÜR DIE KLEINSTEN

Klettermaus

→ **unterwegs im Käseschloss**

MOTIVHÖHE
75 cm

MATERIAL
- Leimholz, 2 cm stark, 14 cm x 92 cm
- Sperrholzreste, 4 mm und 8 mm stark
- Rundholzstab, ø 5 mm, 25 cm lang
- Rundholzstab, ø 3 mm, 14,5 cm lang
- 2 Rohholzkugeln, gebohrt, ø 1,5 cm
- 2 Schrauben, 2,5 mm x 4 cm
- Spielzeugfarbe in Gelb, Grün, Grau, Blau, Schwarz, Weiß und Rot
- Bohrer, ø 3 mm und 5 mm

VORLAGENBOGEN B

1 Das Käseschloss mit der Dekupiersäge aussägen. Für die Standfläche 17 cm des Brettes absägen. Die zehn Bohrungen für die Rundholzstäbe (ø 5 mm, ca. 5 mm tief) anbringen, dann schleifen.

2 Den 25 cm langen Rundholzstab in zehn 2,5 cm lange Teile sägen und diese in die Bohrungen leimen.

3 Die Käsestücke aus dem 4 mm starken Sperrholz, Kopf, Körper und Füße der Maus aus dem 8 mm starken Sperrholz aussägen. Die Löcher in Kopf, Körper und Beine (ø 3 mm, 5 mm tief) bohren, dann schleifen. Für die Arme zwei 3,5 cm lange, für die Beine zwei 3 cm lange und für den Hals ein 1,5 cm langes Stück vom Rundholzstab (ø 3 mm) absägen.

4 Alles bemalen, dabei den oberen Abschluss des Schlosses mit etwas Rot schattieren. Trocknen lassen, dann gemäß der Abbildung zusammenleimen. Das Schloss unten leicht schräg anschleifen und von unten auf die Standfläche schrauben.

Bastel-Tipp

Bevor Sie die Standfläche an das Schloss leimen, probieren Sie aus, ob die Maus ohne Hängenbleiben runterklettert. Falls nicht, ändern Sie die Schrägstellung des Schlosses.

IDEEN FÜR DIE KLEINSTEN

SPIELEN & LERNEN

Spielerisch lernt es sich am besten. Beim Fädeln und Schleifen binden, Zählen und Rechnen, Farben erkennen und benennen sind Holz-Spielsachen große Helfer.

SPIELEN & LERNEN

Lernuhr
→ wie spät ist es?

1 Uhr und Zeiger aussägen. In die Mitte der Uhr und in die Zeiger gemäß der Vorlage die Löcher (ø 7 mm) durchgehend bohren. Den Rundholzstab in drei 1 cm lange und ein 2 cm langes Stück sägen. In die drei Kugeln und die Unterseite der Uhr Löcher (ø 7 mm, 5 mm tief) bohren. Alles glatt schmirgeln.

2 Die Teile bemalen und trocknen lassen. Die 1 cm langen Rundholzstäbe für die Füße in die Bohrungen an der Uhr kleben und die gebohrten Rohholzkugeln darauf kleben. Den 2 cm langen Rundholzstab von der Unterseite bündig in die Bohrung leimen. Eine Unterlegscheibe, den kleinen Zeiger, nochmals eine Unterlegscheibe und dann den großen Zeiger auf den Rundholzstab stecken. Die Zeiger müssen sich nun leicht drehen lassen.

3 Als Abschluss die rot bemalte Halbkugel auf den Rundholzstab (nicht auf den Zeiger!) leimen.

MOTIVDURCHMESSER
29 cm

MATERIAL
- Sperrholz, 6 mm stark, 30 cm x 30 cm
- Sperrholzrest, 4 mm stark
- 3 Rohholzkugeln, ungebohrt, ø 4 cm
- Rohholzhalbkugel, ø 1 cm
- Rundholzstab, ø 7 mm, 5 cm lang
- Spielzeugfarbe in Blau, Gelb, Rot, Weiß und Schwarz
- 2 Unterlegscheiben, ø 1 cm
- Bohrer, ø 7 mm

VORLAGENBOGEN A

Anwendungs-Tipp

Sie können die Rohholzkugeln als Füße auch weglassen und die Uhr mit einem Aufhänger an die Wand hängen.

23

Fädelclown

→ fädeln, binden, knoten

MOTIVHÖHE
40 cm

MATERIAL
- Sperrholz, 1,2 cm stark, 40 cm x 30 cm
- Sperrholzrest, 4 mm stark
- Spielzeugfarbe in Blau, Hautfarbe, Rot, Schwarz, Gelb, Grün und Orange
- 2 Schnürsenkel in Weiß, ø 5 mm, 1,20 m lang
- Rundfeile, ø 5 mm
- Bohrer, ø 5 mm

VORLAGENBOGEN B

1 Den Clown aus dem 1,2 cm starken, die Herzen, Sterne und Kreise aus dem 4 mm starken Sperrholz aussägen. Die Löcher (ø 5 mm) durchgehend bohren.

2 Alle Kanten schleifen und die Bohrungen mit der Rundfeile versäubern. Den Clown gemäß der Abbildung bemalen und trocknen lassen.

3 Die Verzierungen mit den Schnürsenkeln auffädeln.

Bastel-Tipp

Legen Sie zum Bohren der Löcher ein Holzbrett unter das Werkstück. So splittert das Holz kaum.

SPIELEN & LERNEN

Fädelraupe
→ für die Feinmotorik

Steckspiel
→ Farben erkennen und zählen

MOTIVLÄNGE
27 cm

MATERIAL
- 2 Rohholzkugeln, gebohrt, ø 1,5 cm
- 3 Rohholzkugeln, gebohrt, ø 3 cm
- 2 Rohholzkugeln, gebohrt, ø 3,5 cm
- Rohholzkugel, gebohrt, ø 4 cm
- Sperrholzrest, 1,2 cm stark

VORLAGE SEITE 74
- Rundholzstab, ø 5 mm, 2 x 3 cm lang
- Schnürsenkel in Schwarz, ø 3 mm, 55 cm lang
- Spielzeugfarbe in Hellgrün, Gelb, Orange, Weiß, Schwarz und Rot
- Bohrer, ø 5 mm und 7 mm

MOTIVHÖHE
20 cm

MATERIAL
- Sperrholz, 1,2 cm stark, 33 cm x 11,2 cm
- Rundholzstab, ø 8 mm, 57,5 cm lang
- 15 Rohholzkugeln, gebohrt, ø 3,5 cm
- Spielzeugfarbe in Weiß, Gelb, Orange, Rot, Grün und Blau
- Bohrer, ø 8 mm

---

1 Die Blumen aussägen und mittig durchbohren (ø 7 mm). Glatt schmirgeln, dann bemalen und trocknen lassen.

2 In die große Kugel (ø 4 cm) gemäß der Abbildung zwei Löcher (ø 5 mm, 5 mm tief) bohren. Bei den zwei kleinen Kugeln (ø 1,5 cm) die Bohrung evtl. vergrößern (ø 5 mm). Alle Kugeln bemalen. Auf die große Kugel das Gesicht malen, dann trocknen lassen.

3 Die Rundholzstäbe als Fühler in den Kopf leimen und die kleinen Kugeln auf die Enden der Fühler kleben. Die Ansatzstellen nochmals übermalen.

4 Den Schnürsenkel am Ende verknoten und die Perlen und Blumen auffädeln.

Variations-Tipp

Die Kette können Sie mit bunt bemalten Kugeln und Blumen beliebig erweitern. Einen weiteren Lerneffekt können Sie erzielen, indem Sie einige Kugeln und Blumen in einer Farbe bemalen, damit die Kinder diese entsprechend auffädeln können.

1 5,5 cm, 11 cm, 16,5 cm, 22 cm und 27,5 cm vom linken Rand der Grundplatte entfernt mittig insgesamt fünf Löcher (ø 8 mm, 1 cm tief) bohren. Die Kanten der Grundplatte und die Löcher glatt schleifen.

2 Den Rundholzstab in ein 4,5 cm, ein 8 cm, ein 11,5 cm, ein 15 cm und ein 18,5 cm langes Stück sägen und eine Seite glatt schleifen. Die Bohrungen der Kugeln vergrößern (ø 8 mm).

3 Die Kugeln und die Grundplatte gemäß Abbildung bemalen und trocknen lassen. Dann die ungeglättete Seite der Rundholzstäbe gemäß der Abbildung in die Bohrungen leimen und die Kugeln aufstecken.

Bastel-Tipp

Lassen sich die Kugeln zu schwer aufstecken, vergrößern Sie die Löcher auf ø 8,5 cm.

SPIELEN & LERNEN

Rechenschieber

→ so macht Rechnen Spaß

MOTIVHÖHE
40 cm

MATERIAL
- Sperrholz, 1,2 cm stark, 47 cm x 14 cm
- 2 Rundholzstäbe, ø 3 cm, je 38 cm lang
- Alustab, ø 6 mm, 2 m lang
- 50 Rohholzkugeln, gebohrt, ø 3 cm
- Spielzeugfarbe in Rot, Blau, Gelb, Grau, Grün, Schwarz und Weiß
- Filzreste in Rosa und Braun
- 2 Schrauben, 3 mm x 4 cm
- Bohrer, ø 6 mm

VORLAGE SEITE 79

1 Den Alustab mit einer Metallsäge in fünf 40 cm lange Teile sägen. Die Rundholzstäbe ab ca. 5 cm vom oberen Rand entfernt mit einer Holzfeile zu einer Spitze feilen. Ab 12 cm vom oberen Rand entfernt im Abstand von je 5 cm pro Stab fünf genau untereinander liegende Löcher (ø 6 mm, 1 cm tief) in die Rundholzstäbe bohren.

2 Die Standfläche aussägen und die Kanten schleifen. Alles gemäß Abbildung und Vorlagen bemalen und trocknen lassen. Die Ohren für die Mäuse und für die Katzen aus Filz ausschneiden und mit Holzleim fixieren.

3 Die Alustäbe mit Holzleim in die Bohrungen eines Stiftes kleben. Nach dem Trocknen die Kugeln auf die Stäbe stecken und den zweiten Stift dagegen leimen. Die Stifte senkrecht auf die Standfläche kleben und von der Unterseite verschrauben.

Bastel-Tipp

Die Kugeln zum Bemalen auf einen passenden Stift stecken oder auf Draht ziehen.

SPIELEN & LERNEN

Lustiges ABC
→ mit Spaß Buchstaben lernen

MOTIVGRÖSSE
pro Quadrat 5 cm x 5 cm

MATERIAL
- Sperrholz, 4 mm stark, 36 cm x 23 cm
- Spielzeugfarbe in Rot, Weiß, Rosa, Ocker, Hellbraun, Braun, Gelb, Schwarz, Hellblau, Blau, Grau, Hautfarbe, Hellgrün, Beige und Orange
- Holz-Alphabet, Buchstabenhöhe ca. 4 cm

VORLAGE SEITE 76+77

Aus dem Sperrholz 26 5 cm x 5 cm große Quadrate aussägen und glatt schleifen. Die Motive aufmalen. Die fertigen Buchstaben einfarbig bemalen.

Spielregel

Ziel des Spieles ist es, die entsprechenden Buchstaben den passenden Kärtchen zuzuordnen. Alle Kärtchen und Buchstaben werden offen hingelegt. Der erste Spieler versucht ein Kärtchen mit einem passenden Buchstaben zu kombinieren. Gelingt ihm dies, darf er den Buchstaben und das Kärtchen behalten. Wenn nicht, muss er sie zurücklegen. Dann ist der nächste Spieler an der Reihe. Wer zum Schluss die meisten Paare hat, ist Sieger.

Für das Spiel werden sehr viele verschiedene Farben benötigt. Sie können sich die meisten Farben aus den Grundfarben Rot, Gelb und Blau sowie Schwarz und Weiß auch selbst mischen.

SPIELEN & LERNEN

Anziehmaus

→ was zieh' ich an?

MOTIVHÖHE
42 cm

MATERIAL
- Sperrholz, 4 mm stark, 60 cm x 60 cm (Kleidung)
- Sperrholz, 6 mm stark, 45 cm x 30 cm (Maus)
- Spielzeugfarbe in Gelb, Blau, Orange, Rot, Flieder, Weiß, Rosa, Grau, Schwarz und Grün
- selbstklebendes Klettband in Schwarz, 2 cm breit, 60 cm lang

VORLAGE SEITE 74+75

1 Die Maus aus dem 6 mm starken, die Kleidung aus dem 4 mm starken Sperrholz aussägen und schleifen. Anschließend gemäß der Abbildung und Vorlage bemalen.

2 Sieben Punkte (ø 1,5 cm) aus Klettband ausschneiden und die Klettseite gemäß der Vorlage auf die Maus kleben. Die Klettpunkte für jedes Kleidungsstück (Flauschseite) ausschneiden und auf der Rückseite der Kleidung anbringen.

Variations-Tipp

Es macht Spaß noch mehr Kleidung zu arbeiten. Legen Sie hierzu die Maus auf ein Stück Papier, umfahren Sie ihren Umriss mit Bleistift und entwerfen Sie weitere Kleidung. Diese können Sie auch entsprechend der Garderobe Ihres Kindes gestalten.

32

SPIELEN & LERNEN

Legespiel

→ Tiere erkennen und benennen

MOTIVGRÖSSE
pro Rechteck 16 cm x 7 cm

MATERIAL
- Sperrholz, 1,2 cm stark, 45 cm x 35 cm
- Spielzeugfarbe in Rosa, Pink, Grau, Schwarz, Weiß, Rot, Orange, Hautfarbe, Gelb, Braun, Flieder, Dunkelblau, Hellgrau, Hellbraun und Beige

VORLAGE SEITE 78

Aus dem Sperrholz zwölf 16 cm x 7 cm große Rechtecke aussägen und die Kanten schleifen. Die Motive übertragen und mit der Bastelfarbe malen. Gut trocknen lassen.

Spielregel

Alle Spieler bekommen gleich viele Teile. Der erste Spieler darf ein beliebiges Teil legen. Der nächste Spieler muss versuchen das passende Teil anzulegen. Gelingt ihm dies nicht, ist der nächste Spieler an der Reihe. Wer zuerst alle Teile gelegt hat, ist Sieger.

Spar-Tipp

Die Farben können Sie sich auch aus den Grundfarben Gelb, Rot und Blau sowie Schwarz und Weiß selbst mischen.

SPIELEN & LERNEN

BELIEBTE KLASSIKER

Manche Spielsachen kommen nie aus der Mode und haben schon Generationen vor uns erfreut. Angelspiel, Kaufladen mit Zubehör, Puppenhaus, Ritterburg, Kasperletheater sind nur einige Beispiele für zu Recht beliebte Klassiker zum Selbermachen.

BELIEBTE KLASSIKER

Murmelspiel
→ wer hat die meisten Punkte?

1 Den Zaun aussägen und schleifen. Dann beige grundieren und trocknen lassen. Die einzelnen Bretterlücken mit hellbrauner Farbe, die auf einen trockenen Pinsel aufgenommen wird, andeuten. Dann bemalen und beschriften. Die Astlöcher gemäß der Abbildung schwarz schattieren.

2 Für die Rückwand ein 45 cm x 5 cm großes Rechteck zusägen. Für die Seitenwände sechs 8 cm x 5 cm große Rechtecke aussägen und schleifen. Diese als Abtrennung mittig senkrecht zwischen die Öffnungen und an die Seiten leimen. Nach dem Trocknen das große Rechteck von der Rückseite dagegen leimen.

MOTIVHÖHE
24 cm

MATERIAL
- Sperrholz, 8 mm stark, 50 cm x 40 cm
- Spielzeugfarbe in Beige, Hellbraun, Gelb, Orange, Rot, Schwarz, Grün, Rosa, Blau, Grau, Flieder und Weiß

VORLAGENBOGEN B

Variations-Tipp

Ist das Spiel für kleinere Kinder gedacht, wählen Sie kleinere Punktzahlen. So können die Kinder die Punkte leichter zusammenrechnen.

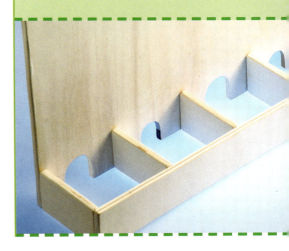

37

Angelspiel
→ wer angelt die dicksten Fische?

MOTIVHÖHE
19 cm

MATERIAL
- Sperrholz, 6 mm stark, 80 cm x 40 cm
- Sperrholz, 4 mm stark, 30 cm x 35 cm
- 2 Rundholzstäbe, ø 7 mm, je 50 cm lang
- 2 Rohholzkugeln, ungebohrt, ø 2,5 cm
- 2 Magnete, ø 1,5 cm
- 2 Baumwollschnüre in Schwarz, ø 2 mm, je 35 cm lang
- 11 Unterlegscheiben, ø 1 cm
- Spielzeugfarbe in Hellblau, Blau, Rot, Schwarz, Weiß, Türkis, Flieder, Orange, Apricot, Gelb und Grau
- Bohrer, ø 2 mm, 1 cm, 1,5 cm

VORLAGE SEITE 80

1 Die vier Seitenteile (Vorlage) und die Bodenplatte (24,7 cm x 26 cm) für das Aquarium aus dem 6 mm starken Holz aussägen und glatt schmirgeln. Die Seitenteile senkrecht auf die Bodenplatte leimen und trocknen lassen.

2 Das Meeresgetier zum Angeln aus dem 4 mm starken Sperrholz aussägen und schleifen. Die Löcher (ø 1 cm, Tiefe entsprechend der Unterlegscheibe) bohren. Alles bemalen und trocknen lassen. Dann die Scheiben mit Holzleim in die Bohrungen kleben.

3 In die Rundholzstäbe für die Angeln ca. 1 cm vom Ende entfernt ein durchgehendes Loch (ø 2 mm) bohren. Die Stäbe bemalen und trocknen lassen. Die Baumwollschnüre durch die Löcher ziehen und verknoten.

4 In die Rohholzkugeln je ein Loch (ø 2 mm, 1 cm tief) bohren. Auf der gegenüberliegenden Seite für die Magnete ein Loch (ø 1,5 cm, Tiefe entsprechend der Magnete) bohren. Die Kugeln bemalen und trocknen lassen, dann die Magnete und die Baumwollschnur mit Holzleim einkleben.

Spielregel

Die Mitspieler dürfen abwechselnd ein Holzteil aus dem Aquarium fischen. Wer am Schluss die meisten Punkte hat, ist Sieger.

Sie können das Aquarium auch nur mit Seitenteilen arbeiten. Wenn Sie es, wie in der Anleitung beschrieben, mit Bodenplatte herstellen, können Sie allerdings das Meeresgetier darin aufbewahren.

BELIEBTE KLASSIKER

Kuller-Dschungel
→ rasante Rollbahn

MOTIVHÖHE
65 cm

MATERIAL
- Sperrholz, 1,2 cm stark, 75 cm x 40 cm
- Rechteckleiste, 3 cm x 2 cm, 2,30 m lang
- Vierkantleiste, 1,2 cm x 1,2 cm, 6,44 m lang
- Rundholzstab, ø 8 mm, 10,2 cm lang
- Spielzeugfarbe in Grün, Braun, Grau, Rosa, Gelb, Schwarz, Weiß und Rot
- 20 Schrauben, 0,35 cm x 2,5 cm
- 14 Schrauben, 0,25 cm x 2 cm
- 4 Schrauben, 0,35 cm x 4 cm
- Bohrer, ø 8 mm

VORLAGENBOGEN A

1 Die Blätter, Grundfläche und Kullertiere aus Sperrholz aussägen, die Löcher (ø 8 mm) durchgehend in die Figuren bohren und alles schleifen. Die Rechteckleiste für die braunen Halterungen in vier 57,5 cm lange Teile sägen und die Kanten glätten. Alle Teile gemäß Vorlage und Abbildung bemalen und trocknen lassen. Den Rundholzstab in drei 3,4 cm lange Teile sägen, bemalen, trocknen lassen und mittig in die Bohrungen der Figuren leimen.

2 Die Vierkantleiste in acht 69 cm lange und zwei 46 cm lange Teile sägen. Jeweils eine Leiste mit Schrauben (0,35 cm x 2,5 cm) auf zwei Rechteckleisten im Abstand von 40 cm befestigen. Anschließend die passenden Vierkantleisten und die Rechteckleiste für die gegenüberliegende Seite darauf legen und mit Bleistift die Leisten auf der Vierkantleiste anzeichnen. Nun erhält man das gleiche Teil noch einmal spiegelverkehrt. Für die Abstände zwischen den Leisten an der Skizze vom Vorlagenbogen orientieren. Dann gegengleich die nächsten Leisten anbringen.

3 Die Rechteckleisten gemäß Vorlage auf die Grundplatte leimen. Von der Unterseite mit vier Schrauben (0,35 cm x 4 cm) befestigen. Die Blätter gemäß Abbildung mit je zwei Schrauben (0,25 cm x 2 cm) so befestigen, dass die Tiere nicht herausfallen.

Bastel-Tipp

Zur besseren Orientierung können Sie die Aufbauskizze vom Vorlagenbogen in Originalgröße auf Karton oder Papier zeichnen und die Leisten zum Anschrauben darauf legen.

BELIEBTE KLASSIKER

Ritterburg
→ für spannende Abenteuer

MOTIVHÖHE
51 cm

MATERIAL
- Sperrholz, 1,2 cm stark, 1,40 m x 1,10 m
- Sperrholz, 8 mm stark, 90 cm x 80 cm
- Holzleiste, 2 cm x 1,5 cm, 18 cm lang
- Rundholzstab, ø 5 mm, 4 cm lang
- Spielzeugfarbe in Rot, Weiß und Grau
- Schraube, 0,25 cm x 1,2 cm
- kleine Nägel
- Gliederkette in Silber, ø 5 mm, 40 cm lang
- Bohrer, ø 5 mm und 7 mm

VORLAGENBOGEN B

1 Die Grundplatte (70 cm x 70 cm) aus dem 1,2 cm starken Sperrholz aussägen. Die Seitenteile, Vorder- und Rückseite, Eingangstor und Laufbrücken ebenfalls aus dem 1,2 cm starken Holz gemäß Vorlagen und Skizzen aussägen. Türme, Bodenplatten im oberen Bereich der Türme und Fahnen aus dem 8 mm starken Sperrholz aussägen.

2 Die Innenausschnitte für Fenster, Eingangstor und Türen der Türme anbringen und das Loch für die Kette (ø 7 mm) gemäß Vorlage neben der Öffnung in der Vorderwand bohren. Die Leiste in zwei je 9 cm lange Teile sägen. In das Tor seitlich zwei Löcher (ø 5 mm, 1 cm tief) bohren, in die Leisten 1 cm vom unteren Rand und 6 mm vom hinteren Rand entfernt identische Löcher bohren. In die Leisten werden später die Rundholzstäbe geleimt, damit das Tor aufgeklappt werden kann. Die Bohrungen also so anbringen, dass die Rückseite bündig abschließt.

3 Alle Teile schleifen und das Tor, damit es sich öffnen und schließen lässt, an der unteren, vorderen Kante etwas abrunden. Anschließend die Teile bemalen und gut trocknen lassen.

4 Je drei Teile der Türme zusammenleimen. Bevor das vierte Teil angebracht wird, ca. 5 cm von den Burgzinnen entfernt die Bodenplatten einleimen. Dann die Seitenwände an die Türme leimen, hierbei zeigen die Öffnungen der Türme nach innen.

5 Die Burg ca. 7,5 cm von den Rändern entfernt auf die Grundplatte leimen. Die Laufbrücken ca. 7 cm vom oberen Rand entfernt gemäß Abbildung passend auf die Türme kleben. Den 4 cm langen Rundholzstab halbieren und in die Bohrungen der Leisten leimen. Auf der anderen Seite die Leisten in die Bohrungen des Eingangstores nur einstecken, so dass es bewegt werden kann. Anschließend die Leisten auf die Vorderwand kleben. Die Kette mit einer Schraube an vorgegebener Stelle am Tor befestigen, anschließend durch die Bohrung der Vorderwand ziehen. Zum Schluss die Fahnen in die Türme kleben.

Einkaufs-Tipp

Ritter der Firma **Schleich S** (siehe Abbildung), die im Spielwarenfachhandel und in Spielwarenabteilungen von Kaufhäusern erhältlich sind, eignen sich toll als Spielfiguren für die Ritterburg.

BELIEBTE KLASSIKER

Puppenwagen
→ Stolz aller Puppenmamis

MOTIVHÖHE
60 cm

MATERIAL
- Sperrholz, 1,2 cm stark, 95 cm x 85 cm
- 4 Räder mit Gummibereifung, ø 14 cm
- 4 Rohholzhalbkugeln, ø 3 cm
- 2 Rohholzhalbkugeln, ø 4 cm
- 5 Rohholzkugeln, gebohrt, ø 4 cm
- Rundholzstab, ø 8 mm, 22,5 cm lang
- Rechteckleiste, 2 cm x 1,5 cm, 1,20 m lang
- Rechteckleiste, 3 cm x 2 cm, 16 cm lang
- Spielzeugfarbe in Dunkelblau, Hellblau und Weiß
- 4 Unterlegscheiben, ø 2 cm
- Alustab, ø 8 mm, 60 cm lang
- Bohrer, ø 8 mm und 8,5 mm

VORLAGENBOGEN A

1 Die Seitenteile zweimal aussägen und die Löcher (ø 8,5 mm) durchgehend bohren. Die Bodenplatte (34 cm x 22 cm), das Vorderteil (22 cm x 23,5 cm) und das Rückenteil (22 cm x 32 cm) sowie die Blumen aussägen. Alle Kanten schleifen.

2 Für den Lenker die 1,20 m lange Rechteckleiste im 45°-Winkel in zwei Teile sägen. Die anderen Enden gemäß der Abbildung etwas rund feilen. Anschließend ca. 2 cm vom Ende entfernt mittig in die breite Seite der angerundeten Leisten je ein durchgehendes Loch (ø 8 mm) bohren. Die 16 cm lange Rechteckleiste in vier 4 cm lange Teile sägen und mittig je ein durchgehendes Loch (ø 8,5 mm) bohren. Diese dienen zur besseren Führung der Welle für die Räder.

3 Den Alustab in zwei 30 cm lange Teile sägen. Die Bohrung der vorgebohrten Kugeln auf ø 8 mm vergrößern. In die Innenseite der vier Halbkugeln für die Räder je ein Loch (ø 8 mm, 1 cm tief) bohren.

4 Alle Teile gemäß Abbildung und Vorlage bemalen und trocknen lassen.

5 Die vier Rechteckleisten gemäß Vorlage von innen an die Seitenteile leimen, so dass die Bohrungen übereinander liegen und der Alustab durchgeschoben werden kann. Nach dem Trocknen die Bodenplatte im rechten Winkel zwischen die Seitenteile leimen, so dass sie ca. 3 cm vom unteren Rand der Seitenteile entfernt aufliegt. Anschließend das vordere und hintere Teil schräg zwischen die Seitenteile leimen. Nach dem Trocknen die Kanten nochmals schleifen.

6 Die Metallstäbe auf der Unterseite durch die Bohrungen schieben, Unterlegscheiben und Räder auf die Stäbe stecken (falls nötig, auf ø 8 mm aufbohren) und die Halbkugeln auf die Stäbe leimen. Diese nur auf den Alustab und nicht auf die Räder leimen!

7 Den Rundholzstab für den Lenker in die Bohrung einer Rechteckleiste leimen, die Kugeln aufstecken und die zweite Rechteckleiste anleimen. Den Lenker auf der Innenseite des Wagens befestigen, so dass die 45°-Enden auf der Bodenplatte aufliegen. Dann die Halbkugeln auf die Blumen leimen und diese dann wie abgebildet auf die Seitenteile leimen.

Anwendungs-Tipp
Der Lenker kann je nach Länge der Rechteckleisten der Größe des Kindes angepasst werden.

44

BELIEBTE KLASSIKER

Wiege
→ für Puppenkinder und Kuscheltiere

MOTIVHÖHE
26 cm

MATERIAL
- Sperrholz, 1,2 cm stark, 64 cm x 74 cm
- Sperrholzrest, 6 mm stark
- Rundholzstab, ø 5 mm, 90 cm lang
- Spielzeugfarbe in Braun, Gelb, Rot, Schwarz und Weiß
- Bohrer, ø 5 mm

VORLAGENBOGEN B

1 Die beiden Bärenköpfe aus dem 1,2 cm starken, den Stern und die Sonne aus dem 6 mm starken Holz aussägen. Ebenso das Bodenteil (15 cm x 39,5 cm) und die beiden Seitenteile (10,5 cm x 39,5 cm) aus dem 1,2 cm starken Holz.

2 Auf die Seitenteile rundherum einen 2,5 cm breiten Rand aufzeichnen und die Innenflächen aussägen. Für die Anbringung der Stäbe je fünf Löcher (ø 5 mm) in die Längsseite der Seitenteile bohren. Dabei den Rand des Seitenteils, der später nach unten zeigt, vollständig durchbohren und auf der anderen Seite die Bohrungen nur 5 mm tief auf der Innenseite weiterführen. 8 cm vom Rand entfernt das erste Loch (ø 5 mm) bohren, in einem Abstand von 6 cm die vier weiteren Bohrungen anbringen. Die untere Längsseite der Seitenteile etwas schräg feilen, so dass die Seitenteile leicht schräg nach außen stehen.

3 Alle ausgesägten Teile glatt schmirgeln.

4 Den Rundholzstab in zehn 9 cm lange Stücke sägen, vier davon braun bemalen. Die Bärenköpfe, den Stern und die Sonne (auf der Abbildung nicht zu sehen), die Bodenplatte und die Seitenteile bemalen. Dabei den gelben Stern etwas mit Rot gemäß der Abbildung schattieren. Gut trocknen lassen.

5 Abwechselnd die bemalten und unbemalten Rundholzstäbe durch die Bohrungen in den Seitenteilen schieben und festleimen. Die Bodenplatte ca. 5 cm vom unteren Rand der Bärenköpfe entfernt mittig auf die Bärenköpfe leimen. Nach dem Trocknen die angeschrägten Seitenteile auf die Bodenplatte kleben, so dass die Ränder bündig abschließen. Dabei darauf achten, dass die durchgebohrten Seiten nach unten zeigen! Sonne und Stern anleimen.

Einkaufs-Tipp

Sie können passend zur Wiege eine Matratze zuschneiden. Schaumstoff bekommen Sie in verschiedenen Stärken im Baumarkt.

BELIEBTE KLASSIKER

Puppenhaus

→ schön gemütlich

MOTIVHÖHE
67 cm

MATERIAL
- Sperrholz, 8 mm stark, 2 m x 1 m
- Sperrholz, 6 mm stark, 1,10 m x 43 cm
- Rechteckleiste, 1,8 cm x 5 mm, 4,50 m lang
- Halbrundleiste, 1 cm breit, 3,50 m lang
- Spielzeugfarbe in Rot und Blau
- Nägel, ø 1 mm, 2 cm lang

VORLAGENBOGEN A

1 Für das Dach ein 43 cm x 54,6 cm und ein 43 cm x 54 cm großes Rechteck aus 6 mm starkem Holz aussägen. Alle weiteren Teile bis auf die Trennwände aus dem 8 mm starken Holz sägen. Die Bodenplatte (70 cm x 35 cm) auf Sperrholz aufzeichnen und auf der linken Seite die Terrasse (30 cm x 15 cm) umreißen. Die gesamte Bodenplatte aussägen. Die Bodenplatte für den ersten Stock (70 cm x 35 cm) zusammen mit dem Balkon (siehe Vorlage) auf Sperrholz zeichnen und in einem Stück aussägen.
Für die Rückwand ein Rechteck (71,6 cm x 66 cm) zusägen. 30 cm vom unteren Rand entfernt die Dachschräge mittig zum oberen Rand aufmalen und aussägen.

2 Zwei Seitenteile (35 cm x 30,5 cm) aussägen. 7 cm vom linken und rechten Rand und 5 cm vom unteren Rand entfernt auf beide Seitenteile je ein Fenster (21 cm x 15,5 cm) mit Bleistift aufmalen und dann aussägen. Die Trennwand aus 6 mm starkem Sperrholz ist im Erdgeschoss 21 cm x 24,8 cm groß, im Obergeschoss 20,5 cm x 22,5 cm.

3 Alle Kanten schleifen. Dann die Teile für das Dach rot bemalen. Die Rechteck- und Halbrundleisten für die Kanten passend zusägen, die Ecken im 45°-Winkel (dazu an der Abbildung orientieren). Für den Balkon die Halbrundleisten in 24 je 5 cm lange Stücke sägen. Die Leisten blau bzw. rot bemalen und trocknen lassen.

4 Ca. 41 cm vom linken Rand entfernt die Trennwand auf die Bodenplatte leimen. Dann die Seitenteile an die Bodenplatte leimen, anschließend die Rückwand und die Bodenplatte für den ersten Stock aufleimen. Die Trennwand im Obergeschoss ca. 24 cm vom linken Rand entfernt aufleimen.

5 Alle Leisten (bis auf eine für das Dach) festleimen. Die Seitenteile sowie die entsprechenden Leisten am oberen Rand etwas schräg feilen, so dass sie in einer Linie mit der Dachschräge der Rückwand abschließen. Anschließend das Dach aufleimen. Nach dem Trocknen alle Teile zur Stabilisierung mit kleinen Nägeln verbinden. Zum Schluss die zugeschnittenen Leisten auf das Dach leimen und nach dem Trocknen Nägel einschlagen.

Einkaufs-Tipp

Im Spielwarenfachhandel erhalten Sie Möbel und Püppchen, mit denen Sie das Haus vervollständigen können.

BELIEBTE KLASSIKER

Parkgarage
→ für Auto-Fans

MOTIVHÖHE
40 cm

MATERIAL

- Sperrholz, 1,2 cm stark, 1,35 m x 70 cm
- Sperrholz, 4 mm stark, 14 cm x 23 cm
- Sperrholzrest, 6 mm stark
- Rundholzstab, ø 3,5 cm, 48 cm lang
- Rundholzstab, ø 6 mm, 11,4 cm lang
- Rundholzstab, ø 8 mm, 14 cm lang
- Rechteckleiste, 2,8 cm x 0,5 cm, 1,65 m lang
- Rechteckleiste, 1,7 cm x 0,5 cm, 1,65 m lang
- Rechteckleiste, 2 cm x 0,5 cm, 56 cm lang
- Rohholzkugel, ungebohrt, ø 2 cm
- Spielzeugfarbe in Rot und Blau
- Seil in Schwarz, ø 3 mm, 18 cm lang
- 8 Schrauben, 0,25 cm x 2 cm
- 4 Schrauben, 0,25 cm x 1,2 cm
- Schraubhaken in Silber, 5 mm x 2 cm
- Nägel, ø 1 mm, 2 cm lang
- Bohrer, ø 3 mm, 6 mm und 8 mm

VORLAGENBOGEN A

1 Die Schranken werden aus 6 mm starkem, ihre Befestigungen aus 1,2 cm starkem und das Dach aus 4 mm starkem Holz ausgesägt. Alle restlichen Teile aus dem 1,2 cm starken Holz arbeiten. Die Grundplatte (55 cm x 55 cm) und die erste Etage (53 cm x 35 cm) aussägen. Von der Platte für die erste Etage gemäß Skizze an der vorderen Ecke ein 10 cm x 23 cm großes Stück für die Auffahrt und hinten rechts ein 13 cm x 2,2 cm großes Stück für den Aufzugturm aussägen.

2 Für den Aufzugturm zwei Seitenteile (je 30 cm x 10,7 cm), das rückwärtige Teil gemäß Vorlage und drei Rechtecke (je 10,5 cm x 4,8 cm) aussägen. In diese Rechtecke mittig durchgehende Löcher (ø 8 mm) bohren.

3 Den Dreiecksgiebel auf der Vorderseite gemäß Vorlage aussägen. Für das Dach ein Rechteck (13,5 cm x 11 cm) und ein Rechteck (13,5 cm x 11,4 cm) aussägen. Der Aufzug besteht aus zwei Seitenteilen (10,7 cm x 12 cm), dem Bodenteil (7,9 cm x 9,5 cm), der Rückwand (7,9 cm x 12 cm) und dem Oberteil (10,3 cm x 10,7 cm). In das obere Teil 6,5 cm vom vorderen Rand und je 5,2 cm von den seitlichen Rändern entfernt ein durchgehendes Loch (ø 3 mm) bohren.

4 Die Auffahrt (8 cm x 25 cm) aussägen. Die Rechtecke für die Schranken, die Schranken und das Kurbelrad gemäß Vorlage aussägen. Mittig in das Rad durchgehende (ø 8 mm) und seitliche Löcher (ø 6 mm) bohren. In je zwei Rechtecke für die Schranken Löcher (ø 6 mm, 1 cm tief) bohren. In die Holzkugel ein Loch (ø 8 mm, 1 cm tief) bohren.

5 Die Auffahrt für die Aufzugszufahrt (12,9 cm x 3,5 cm) aussägen. Diese ab 2 cm von der breiten Seite nach vorne hin schräg abfeilen. Die Auffahrt gemäß Skizze ebenfalls anschrägen.

6 Für die Säulen den Rundholzstab (ø 3,5 cm) in vier 12 cm lange Teile sägen. Dann alles schleifen und bemalen.

7 Die Aufzugskabine zusammenleimen und -nageln. Die Säulen gemäß Skizze auf die Bodenplatte leimen. Dann die Leisten anpassen und festnageln (Ecken auf 45°), dabei im Erdgeschoss die 1,7 cm x 0,5 cm, in der ersten Etage die 2,8 cm x 0,5 cm und für die Auffahrt die 2 cm x 0,5 cm großen Leisten verwenden. Den Turm für den Aufzug auf die Grundplatte leimen, die erste Etage passend auf die Säulen leimen und verschrauben. Die Auffahrt gemäß Abbildung anschrauben, dabei die Kanten und Leisten oben und unten passend abschrägen.

8 Den Rundstab (ø 6 mm) in drei je 2,8 cm und ein 3 cm langes Stück sägen. Die 2,8 cm langen Stäbe in je ein Rechteck für die Schranken leimen, die Schranke darauf stecken und den Rundstab in das zweite Rechteck kleben. Darauf achten, dass sich die Schranke gut bewegen lässt. In die Gegenseite das Zwischenstück leimen. Die Schranken anschließend gemäß Abbildung aufleimen.

9 Die vorderen beiden Rechtecke (Bohrungen passend übereinander) als Vorderteil des Aufzugturmes zusammenleimen. Den Dreiecksgiebel darauf kleben. Den Rundstab durch die Bohrungen schieben und von der Vorderseite her die Holzkugel aufleimen. Den Rundstab durch die Rückseite des Turmes schieben und das Kurbelrad, in das zuvor das 3 cm lange, verbleibende Rundstabstück geleimt wurde, auf dem Rundstab festkleben. In den Rundstab mittig den Schraubhaken drehen. Anschließen das Seil durch die Bohrung des Aufzuges ziehen und von der Innenseite verknoten. Oben um den Schraubhaken knoten. Der Aufzug muss sich durch Drehen des Kurbelrades leicht auf und ab bewegen lassen. Zuletzt das Dach aufleimen.

BELIEBTE KLASSIKER

Arche Noah

→ **alle meine Tiere**

MOTIVHÖHE
20 cm

MATERIAL
- Sperrholz, 1,2 cm stark, 1,10 m x 1,10 m
- Spielzeugfarbe in Ocker, Rot, Weiß, Schwarz, Grün, Gelb, Grau, Braun, Hautfarbe und Rosa
- Beize auf Wasserbasis in Kiefer

VORLAGENBOGEN B

1 Alle Teile für die Arche gemäß Vorlage aussägen: Das untere Teil einmal mit, einmal ohne Ausschnitt, das mittlere Teil zweimal.

2 Der obere Teil des Schiffes besteht aus drei Teilen, wobei das mittlere Teil mit einer Bodenplatte ausgesägt wird. Alle Teile aufeinander leimen, gut trocknen lassen und die Außen- und Innenkanten glatt schmirgeln.

3 Die Teile für das Haus aussägen und schmirgeln. Die Seitenwände an die Rückwand leimen, trocknen lassen, dann das Dach anbringen. Das fertige Haus mittig auf die Bodenplatte leimen.

4 Für die Treppe drei 9 cm x 29 cm große Stücke Sperrholz aufeinander leimen und gut trocknen lassen. Die Treppe aussägen und glatt schleifen.

5 Das Schiff und die Treppe kieferfarben beizen. Die Tiere aussägen und schleifen. Dann gemäß der Abbildung bemalen.

Bastel-Tipp

Ist Ihnen das Aussägen der Tiere zu mühsam, können Sie für die Arche auch gekaufte Tiere verwenden.

BELIEBTE KLASSIKER

Kasperle-Theater

→ Vorhang auf

MOTIVHÖHE
1,20 m

MATERIAL

◆ Sperrholz, 8 mm stark,
2,40 m x 86 cm

◆ 3 Rohholzkugeln, ungebohrt,
ø 3 cm

◆ Rechteckleiste, 7 cm x 4 mm,
2 m lang

◆ Rechteckleiste, 4 cm x 4 mm,
10 m lang

◆ Rundholzstab, ø 6 mm, 80 cm lang

◆ Spielzeugfarbe in Rot, Gelb, Grün
und Blau

◆ 4 aushängbare Scharniere (zwei
rechte und zwei linke), 2,5 cm x 5 cm

◆ 3 Senkkopfschrauben, M6 x 30 mm

◆ 5 Muttern, ø 6 mm

◆ 2 Schraubhaken, 6 mm x 4,5 cm

◆ Stoff in Rot-Gelb-Grün-Blau-
gestreift, 90 cm x 45 cm

◆ Bohrer, ø 8 mm

1 Für die Frontseite ein Rechteck (86 cm x 1,20 m) aus 8 mm starkem Sperrholz zusägen. 1 m vom unteren Rand entfernt die Dachschräge zum Mittelpunkt der oberen Seite mit Bleistift und Lineal aufmalen und dann aussägen. Mittig ein Fenster (58 cm x 32 cm) ca. 14 cm vom linken und rechten Rand und 60 cm vom unteren Rand entfernt aufzeichnen und aussägen. Drei durchgehende Löcher (ø 8 mm) 10,5 cm, 43 cm und 75,5 cm vom linken Rand und 94 cm vom unteren Rand entfernt bohren.

2 Für die Seitenteile zwei 38 cm x 1,20 m große Rechtecke aus dem 8 mm starken Sperrholz zusägen. 1 m vom unteren Rand entfernt die Dachschräge zum Mittelpunkt der oberen Seite mit Bleistift und Lineal aufmalen und dann aussägen.

3 In die drei Holzkugeln je ein Loch bohren (ø 8 mm, ca. 2 cm tief) und die Muttern in die Bohrungen leimen. Die Leisten zusägen, für die vorderen Seitenteile die 7 cm breiten verwenden, die restlichen sind 4 cm breit. Zum Zusägen an den bereits ausgesägten Teilen orientieren. Alle Kanten schleifen.

4 Alle Teile und die Leisten gemäß der Abbildung bemalen und beschriften und gut trocknen lassen.

5 Die Scharniere am Mittelteil ca. 13,5 cm und 86,5 cm vom unteren Rand entfernt auf beiden Seiten anbringen, hierbei das Teil zum Einhängen auf das Mittelteil schrauben, anschließend das Gegenstück passend auf die Seitenteile schrauben. Dann die Leisten aufleimen, dazu an der Abbildung orientieren. Die mittleren Leisten ca. 52 cm von den unteren Rändern entfernt anbringen.

6 Die zwei Schraubhaken mit je einer Mutter von der Rückseite durch die zwei äußeren Bohrungen und die Schraube durch die mittlere Bohrung (diese wird später für den Kaufladen, Seite 56, gebraucht) führen und die Holzkugeln mit den Muttern von vorne aufschrauben.

7 Für den Vorhang den Stoff in zwei Teile von je 45 cm x 45 cm schneiden und die Ränder säumen. Oben ca. 3 cm umnähen (auf den Verlauf der Streifen achten), so dass der Rundstab durchgeschoben werden kann. Den Rundstab mit aufgezogenem Vorhang von der Rückseite durch die Schraubhaken schieben.

Anwendungs-Tipp

Das Theater kann ganz schnell in einen Kaufladen verwandelt werden. Gestalten Sie die Rückseite wie auf Seite 56 beschrieben. Durch die Scharniere können Sie die Flügel als Standfläche auch auf die andere Seite klappen.

BELIEBTE KLASSIKER

Kaufladen

→ **Einkaufen macht Spaß**

MOTIVHÖHE
1,20 m

MATERIAL
- Sperrholz, 8 mm stark, 2,40 m x 86 cm
- Sperrholz, 1,2 cm stark, 83 cm x 72 cm
- Sperrholz, 6 mm stark, 83 cm x 72 cm
- Vierkantholz, 3,5 cm x 3,5 cm, 2,16 m lang
- Rechteckleiste, 2 cm x 1,5 cm, 76 cm lang
- Rechteckleiste, 3,8 cm x 1 cm, 1,22 m lang
- Rundholzstab, ø 6 mm, 4 cm lang
- 4 Rohholzkugeln, ungebohrt, ø 2,5 cm
- 3 Rohholzkugeln, ungebohrt, ø 3 cm
- fertiges Schränkchen mit sechs Schubladen, 28,3 cm x 20,5 cm x 28,5 cm
- 4 aushängbare Scharniere (zwei rechte und zwei linke), 2,5 cm x 5 cm
- 3 Senkkopfschrauben, M6 x 30 mm
- 3 Muttern, ø 6 mm
- 10 Schrauben, 3,5 mm x 4 cm
- 12 Schrauben, 2,5 mm x 1,2 cm
- 6 Schrauben, 3 mm x 2 cm
- Spielzeugfarbe in Rot
- Bohrer, ø 6 mm und 8 mm

1 Die Grundform wie beim Theater auf Seite 54 beschrieben herstellen. Soll die Form nicht auch als Theater verwendet werden, kein Fenster aussägen.

2 Den Rundholzstab in vier 1 cm lange Stücke sägen. In die Holzkugeln (ø 2,5 cm) Löcher (ø 6 mm, 5 mm tief) bohren und die Rundholzstäbe in diese leimen. In die Seitenteile 10 cm und 25 cm vom äußeren und 88 cm vom unteren Rand entfernt vier Löcher (ø 6 mm, 5 mm tief) bohren. Die Holzkugeln rot bemalen, trocknen lassen und mit den Rundholzstäben in die Löcher in den Seitenteilen leimen.

3 Für die Böden des Regals zum Einhängen aus Sperrholz (6 mm stark) zwei 72 cm x 20,5 cm große Teile zusägen. Für die Rückseite ein 72 cm x 40 cm großes Stück aussägen. In die Rückseite drei durchgehende Löcher (ø 8 mm) ca. 3,5 cm, 36 cm und 68,5 cm vom linken Rand und 2 cm vom oberen Rand entfernt bohren. Alle Kanten schleifen.

4 Das Schränkchen mit sechs Schrauben (2,5 mm x 1,2 cm) mittig auf die Bodenplatte schrauben und die zweite Platte mit sechs weiteren Schrauben mittig darauf befestigen. Dann die Rückseite mit sechs Schrauben (3 mm x 2 cm) an den Außenkanten des Schränkchens befestigen. Das Regal mit drei Schrauben (6 mm x 3 cm) in die Löcher der

Rückwand hängen und die Holzkugeln (siehe Theater, Seite 54) aufschrauben.

5 Für den Tisch die Grundplatte (72 cm x 45 cm) und die Ablagefläche (55 cm x 37,5 cm) aus 1,2 cm starkem Holz zusägen. Das Vierkantholz in vier 54 cm lange Teile sägen, auf die Grundplatte je 5 cm von den Außenkanten entfernt leimen und mit vier Schrauben (3,5 mm x 4 cm) befestigen.

6 Die 76 cm lange Rechteckleiste in zwei 38 cm lange Teile sägen und an die Innenseiten der hinteren Tischbeine ca. 32 cm vom unteren Rand, an die Innenseiten der vorderen Tischbeine ca. 20,5 cm vom unteren Rand entfernt schrauben. Die überstehenden Kanten durch Schleifen etwas angleichen. Hierauf wird später die Ablagefläche gelegt. Von der 1,22 m langen Rechteckleiste 61,5 cm absägen und bemalen. Diese auf die vorderen Tischbeine oberhalb der schrägen Leisten gemäß Abbildung schrauben.

7 Die Ablagefläche auf die schrägen Leisten legen und die seitlichen Leisten (2 x 30 cm lang) aus dem Rest der 1,22 m langen Rechteckleiste zusägen. Anschließend bemalen und nach dem Trocknen zwischen den Tischbeinen mit je zwei Schrauben (3,5 mm x 4 cm) an die Ablagefläche schrauben.

Anwendungs-Tipp

Wenn Sie die Beschriftung und Farbe der Bemalung ändern, können Sie mit der gleichen Vorlage anstatt des Kaufladens eine Post arbeiten.

BELIEBTE KLASSIKER

MATERIAL
für ein Stück

ZITRONE, BANANE, BIRNE, KÄSE, FISCH, PAPRIKA, KAROTTE UND WURST
- Sperrholzrest, 1,2 cm stark
- Spielzeugfarbe in Gelb, Braun, Grün, Hellgelb, Hellblau, Rot, Schwarz, Orange, Weiß und Rotbraun
- Baumwollkordel in Schwarz, ø 2 mm, 20 cm lang (Wurst)

EI
- Rohholzei, ungebohrt, 6 cm x 4 cm
- Spielzeugfarbe in Weiß

APFEL
- Rohholzkugel, ungebohrt, ø 4,5 cm
- Rundholzstab, ø 8 mm, 2,5 cm lang
- Spielzeugfarbe in Rot und Hellgrün
- Filzrest in Grün
- Bohrer, ø 8 mm

PFLAUME
- Rohholzei, ungebohrt, 4,5 cm x 3 cm
- Rundholzstab, ø 6 mm, 2,5 cm lang
- Spielzeugfarbe in Dunkelblau und Hellgrün
- Filzrest in Hellgrün
- Bohrer, ø 6 mm

LOLLI
- Sperrholzrest, 1,2 cm stark
- Rundholzstab, ø 6 mm, 7,5 cm lang
- Spielzeugfarbe in Rosa, Blau, Rot, Gelb und Weiß
- Bohrer, ø 6 mm

PILZ
- Rohholzhalbkugel, ungebohrt, ø 3 cm
- Rundholzstab, ø 8 mm, 2,5 cm lang
- Spielzeugfarbe in Beige und Weiß
- Bohrer, ø 8 mm

KIRSCHEN
- 2 Rohholzkugeln, gebohrt, ø 2,5 cm
- Kordel in Grün, 25 cm lang
- Spielzeugfarbe in Rot

WEINTRAUBEN
- 9 Rohholzkugeln, gebohrt, ø 2 cm
- Spielzeugfarbe in Hellgrün
- Baumwollkordel in Weiß, ø 1 mm, 40 cm lang
- Filzrest in Hellgrün

JOHANNISBEEREN
- 11 Rohholzkugeln, gebohrt, ø 1,5 cm
- Spielzeugfarbe in Rot
- Baumwollkordel in Weiß, 40 cm lang
- Filzrest in Hellgrün

VORLAGE SEITE 79

Leckereien für den Kaufladen

→ reiche Auswahl

Zitrone, Banane, Birne, Käse, Fisch, Paprika, Karotte und Wurst

Die Teile gemäß Vorlage aussägen und die Kanten schleifen. Gemäß Abbildung bemalen und trocknen lassen. Die schwarze Kordel an die Wurst binden.

Ei

Das Ei weiß bemalen und trocknen lassen.

Apfel

In die Holzkugel ein Loch bohren (ø 8 mm, 5 mm tief). Kugel und Rundholzstab bemalen, nach dem Trocknen den Rundholzstab in die Bohrung leimen. Das Blatt aus Filz gemäß Vorlage ausschneiden und mit Holzleim an den Stiel kleben.

Pflaume

Oben in das Holzei ein Loch (ø 6 mm, 5 mm tief) bohren. Ei und Rundholzstab bemalen, trocknen lassen, dann den Rundholzstab in die Bohrung leimen. Das Blatt gemäß Vorlage ausschneiden und mit Holzleim an den Stiel kleben.

Lolli

Den Lolli gemäß Vorlage aussägen und schleifen. Das Loch (ø 6 mm, 5 mm tief) bohren, dann alles bemalen und nach dem Trocknen den Rundholzstab in das Loch leimen.

Pilz

In die Halbkugel unten mittig ein Loch (ø 8 mm, 5 mm tief) bohren. Die Teile bemalen, trocknen lassen und dann den Rundholzstab in die Bohrung leimen.

Kirschen

Die Holzkugeln anmalen und trocknen lassen. Auf die Kordel fädeln und deren Enden gut verknoten.

Weintrauben und Johannisbeeren

Die Rohholzkugeln bemalen und trocknen lassen. Je drei Kugeln auf die Kordel fädeln und diese darüber doppelt verknoten. Zwei weitere Kugeln auffädeln und die Kordel verknoten. So weiterarbeiten, bis alle Kugeln aufgefädelt sind. Dann das aus Filz ausgeschnittene Blatt mit einer kleinen Schere durchstechen, aufziehen und die Enden der Kordel gut verknoten.

Einkaufs-Tipp

Im Spielwarenfachhandel erhalten Sie kleine Kistchen, in die Sie die Leckereien legen können.

BELIEBTE KLASSIKER

SPIELE FÜR DRAUSSEN

Auch für draußen können Sie aus Holz tolle Spielsachen nacharbeiten. Hüpfen, Werfen und Zielen aber auch Konzentration sind bei den gezeigten Ideen gefragt.

SPIELE FÜR DRAUSSEN

Hüpfseile
→ voll Schwung

1 In die Enden der Rundholzstäbe für die Griffe (ø 3 cm) mittig je ein Loch (ø 1,2 cm, ca. 5 cm tief) bohren. In das andere Ende mittig je ein Loch (ø 5 mm, 1 cm tief) bohren.

2 In die Rohholzkugeln (ø 4 cm) gemäß Vorlage für Hals und Fühler Löcher bohren (ø 5 mm, ca. 1,5 cm tief). Für die Anbringung der Nasen in die Köpfe und in die Holzkugeln (ø 1 cm) ein Loch (ø 2 mm, 1 cm tief) bohren.

3 Die Rundholzstäbe (ø 5 mm) in je 2,5 cm lange Teile sägen und als Fühler bzw. Hals in die Köpfe leimen. Den Rundholzstab (ø 2 mm) in zwei Teile sägen und in die Bohrung für die Nasen leimen.

4 Körper, Kopf und Nase bemalen und trocknen lassen. Die Nase auf den Rundholzstab leimen.

5 Beim Käfer den Filzkragen auf den Rundholzstab stecken, bei der Katze die Ohren aus Filz mit Holzleim aufkleben. Die Köpfe auf die Rundstäbe für den Hals leimen, den Katzen die roten Halsbänder umbinden. Das Seil mit Holzleim in die Bohrungen kleben.

MOTIVHÖHE
15 cm

MATERIAL
KÄFER-HÜPFSEIL
- Polyamidseil in Weiß, ø 1,2 cm, 1 m lang
- 2 Rundholzstäbe, ø 3 cm, je 8,5 cm lang
- Rundholzstab, ø 2 mm, 4 cm lang
- Rundholzstab, ø 5 mm, 15 cm lang
- 2 Rohholzkugeln, ungebohrt, ø 4 cm
- 2 Rohholzkugeln, ungebohrt, ø 1 cm
- Spielzeugfarbe in Schwarz, Hautfarbe, Rot und Weiß
- Filzrest in Gelb und Orange
- Bohrer, ø 2 mm, 5 mm und 1,2 cm

KATZEN-HÜPFSEIL
- Polyamidseil in Weiß, ø 1,2 cm, 1 m lang
- 2 Rundholzstäbe, ø 3 cm, je 8,5 cm lang
- Rundholzstab, ø 2 mm, 4 cm lang
- Rundholzstab, ø 5 mm, 5 cm lang
- 2 Rohholzkugeln, ungebohrt, ø 4 cm
- 2 Rohholzkugeln, ungebohrt, ø 1 cm
- Spielzeugfarbe in Schwarz, Rot und Weiß
- Filzrest in Schwarz und Rot
- Bohrer, ø 2 mm, 5 mm und 1,2 cm

VORLAGE SEITE 72+73

Anwendungs-Tipp

Zu einem ganz persönlichen Geschenk werden die Hüpfseile, wenn Sie auf den Körper den Namen des beschenkten Kindes schreiben.

Sommerski

→ tolle Gaudi

MOTIVLÄNGE
1,25 m

MATERIAL
- 2 Leimholzbretter, 2 cm stark, 9,5 cm breit, 1,25 m lang
- Gurtband in Regenbogenfarben, 2,5 cm breit, 1,20 m lang
- 24 Schrauben, 25 mm x 2 cm

1 Die Bretter an einer Seite spitz zusägen und mit der Feile abrunden.

2 Das Gurtband in sechs je 20 cm lange Stücke schneiden. 24 cm, 60 cm und 98 cm von der Spitze entfernt das Gurtband seitlich mit je zwei Schrauben befestigen. Hierzu das Band am Ende einschlagen, damit es sich nicht auflöst.

Variations-Tipp

Sie können anstelle des Gurtbandes auch starkes Klettband verwenden. So kann man die Weite der Gurte verstellen und der Schuhgröße anpassen.

SPIELE FÜR DRAUSSEN

Geschicklichkeitsspiel

→ nicht wackeln!

MOTIVLÄNGE
75 cm

MATERIAL
- 18 Rundholzstäbe, ø 1,2 cm, 75 cm lang
- Spielzeugfarbe in Rosa, Orange, Dunkelblau und Gelb

VORLAGE SEITE 73

1 Je ein Ende der Rundholzstäbe ca. 1 cm vom Ende entfernt an beiden Enden spitz feilen. Jeweils fünf Stäbe in Rosa, Orange und Gelb bemalen. Drei Stäbe dunkelblau bemalen. Die Farbe gut trocknen lassen.

2 Die Punkte, Kronen, Herzen und Streifen gemäß der Abbildung und der Vorlage aufmalen.

Spielregel

Die Stäbe in einem Bündel senkrecht aufstellen und fallen lassen. Nun versucht ein Mitspieler Stäbe zu nehmen, ohne dass die anderen Stäbe sich bewegen. Er darf so lange weitermachen, bis sich ein Stab bewegt. Ist dies der Fall, ist der nächste Spieler an der Reihe. Die dunkelblauen Stäbe mit den Kronen zählen 50 Punkte, alle anderen 10 Punkte. Wer zum Schluss die meisten Punkte hat, ist Sieger.

Bastel-Tipp

Um die Stifte etwas spitz zulaufend zu feilen, können Sie auch einen größeren Spitzer (z. B. einen Metallspitzer für dicke Buntstifte) benutzen und die Enden mit Schmirgelpapier abrunden.

SPIELE FÜR DRAUSSEN

Wurfspiel
→ wer zielt am besten?

MOTIVHÖHE
31 cm

MATERIAL
- Sperrholz, 1,2 cm stark, 38 cm x 38 cm
- 4 Rundholzstäbe, ø 4 cm, je 18 cm lang
- Rundholzstab, ø 1 cm, 16 cm lang
- Rundholzstab, ø 5 mm, 18 cm lang
- je 4 Rohholzkugeln, ungebohrt, ø 3 cm und 6 cm
- Figurendraht oder Seil in Natur, ø 1 cm, 2,20 m lang
- Spielzeugfarbe in Weiß, Schwarz, Hautfarbe, Rot, Gelb, Braun, Grün und Rosa
- 8 Schrauben, 0,3 cm x 4 cm
- Bohrer, ø 5 mm und 1 cm

VORLAGE SEITE 79

1 Aus dem Sperrholz vier Scheiben (ø 16 cm) aussägen, schleifen und bemalen. In die Rundholzstäbe für die Körper oben mittig je ein Loch (ø 1 cm, ca. 1 cm tief) für den Hals bohren. In die Kugeln für die Köpfe (ø 6 cm) je ein Loch für den Hals (ø 1 cm, 1 cm tief) und bei den Bienen je zwei schräg nach außen geneigte Löcher für die Fühler (ø 5 mm, 1 cm tief) bohren. Die Rundholzstäbe für die Hälse (ø 1 cm) in vier 4 cm lange Teile, für die Fühler (ø 5 mm) in sechs 3 cm lange Teile sägen.

2 Beim Bären die ausgesägten Ohren mit Holzleim anbringen. Fühler und Hälse in die Köpfe leimen und anschließend alles bemalen. Nach dem Trocknen die Hälse in die Körper kleben. Dann die Körper von der Unterseite mittig mit je zwei Schrauben auf die Bodenplatten schrauben.

3 Für die Ringe den Figurendraht bzw. das Seil in vier 55 cm lange Stücke schneiden. In die Kugeln (ø 3 cm) je ein Loch (ø 1 cm) durchgehend bohren, dann die Kugeln bemalen und trocknen lassen. Die Seile bzw. den Figurendraht zu einem Kreis biegen, die Enden mit Holzleim in die Kugeln kleben.

Einkaufs-Tipp

Verschiedene Seile erhalten Sie als Meterware im Baumarkt.

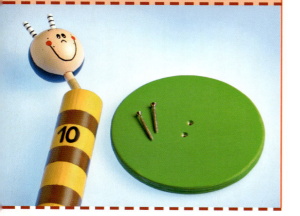

SPIELE FÜR DRAUSSEN

Kegelspiel

→ freche Frösche

MOTIVHÖHE
25,5 cm

MATERIAL
- Rundholzstab, ø 4 cm, 80 cm lang
- Rundholzstab, ø 8 mm, 20 cm lang
- Rundholzstab, ø 5 mm, 20 cm lang
- Sperrholzrest, 1,2 cm stark
- 5 Rohholzkugeln, ungebohrt, ø 6 cm
- Rohholzkugel, ungebohrt, ø 8 cm
- Spielzeugfarbe in Grün, Rot, Gelb, Orange, Blau und Weiß
- 10 Wackelaugen, ø 2 cm
- Bohrer, ø 5 mm und 8 mm

VORLAGE SEITE 72

1 Den Rundholzstab (ø 4 cm) für die Körper in fünf 16 cm lange Stücke sägen. Den Rundholzstab (ø 8 mm) für die Hälse der Frösche in fünf 4 cm lange Stücke sägen. Für die Augen den Rundholzstab (ø 5 mm) in zehn 2 cm lange Stücke sägen. 10 Kreise (ø 2,2 cm) aus dem Sperrholz für die Augen aussägen.

2 In den Holzkugeln für die Köpfe und in den Rundhölzern für die Körper oben mittig eine ca. 1,5 cm tiefe Bohrung (ø 8 mm) anbringen. In diese die Rundholzstäbe für die Hälse leimen, so dass die Hälse ca. 1 cm lang sind.

3 Die 1 cm tiefen Bohrungen (ø 5 mm) für die Augen in den Köpfen anbringen. Die ausgesägten Kreise bekommen ebenfalls Bohrungen (ø 5 mm, 5 mm tief).

4 Alles gemäß Abbildung zusammenleimen und mit grüner Spielzeugfarbe bemalen. Nachdem die Farbe getrocknet ist, die Streifen und die Gesichter wie abgebildet aufmalen. Die Wackelaugen mit Holzleim fixieren. Die Wurfkugel (ø 8 cm) gelb bemalen.

Bastel-Tipp

Verwenden Sie für den Körper Buchenholz, da es wesentlich härter ist als z. B. Kiefernholz.

SPIELE FÜR DRAUSSEN

Krocket
→ kunterbunter Spielspaß

MOTIVHÖHE
14 cm
Zieltor 23 cm

MATERIAL
- Sperrholz, 1,2 cm stark, 40 cm x 20 cm
- 11 Rohholzkugeln, ungebohrt, ø 5 cm
- 2 Rohholzkugeln, ungebohrt, ø 4 cm
- 8 Rohholzkugeln, ungebohrt, ø 1,5 cm
- 2 Rundholzstäbe, ø 1,5 cm, je 62 cm lang
- 2 Rundholzstäbe, ø 4 cm, je 9 cm lang
- Rundholzstab, ø 1 cm, 50 cm lang
- Rundholzstab, ø 2 mm, 16 cm lang
- 2 Rundholzstäbe, ø 3 cm, je 12 cm lang
- Figurendraht in Natur, ø 1 cm, 1,25 m lang
- Filzreste in Blau, Rot, Grün und Gelb
- Baumwollschnur in Beige, ø 1 mm, 25 cm lang
- Glöckchen in Silber, ø 1,5 cm
- Spielzeugfarbe in Gelb, Rot, Blau, Grün, Schwarz und Weiß
- Bohrer, ø 2 mm, 1 cm und 1,5 cm

VORLAGE SEITE 74

1 Die Sterne gemäß Vorlage aus Sperrholz aussägen und mittig ein Loch (ø 1 cm) bohren. Für die Köpfe in acht Rohholzkugeln (ø 5 cm) durchgehende Löcher (ø 1 cm) bohren. Die Löcher für die Befestigung der Nasen bohren (ø 2 mm, 1 cm tief). In den acht Rohholzkugeln (ø 1,5 cm) für die Nasen die gleichen Bohrungen (ø 2 mm, 1 cm tief) anbringen. Den Rundholzstab (ø 1 cm) in zehn je 5 cm lange Stücke für die Hälse sägen. Den Rundholzstab (ø 2 mm) für die Nasen in acht 2 cm lange Stücke sägen.

2 Sterne, Gesichter und Nasen der Clowns bemalen und trocknen lassen. Dann die Nasen auf die Rundholzstäbe und diese in die Köpfe leimen.

3 Für die Haare fünf Streifen Filz (3 cm lang, 5 mm breit) zuschneiden und in die Öffnung am Kopf kleben. Den Figurendraht in fünf 25 cm lange Stücke schneiden und mit Holzleim gemäß der Abbildung in die Kopföffnungen kleben.

4 Für das Ziel in die Rundholzstäbe (ø 3 cm) oben mittig ein Loch (ø 1 cm, ca. 2,5 cm tief) bohren. In die zwei Rohholzkugeln (ø 4 cm) durchgehend ein Loch (ø 1 cm) bohren. Alle Teile wie abgebildet bemalen und trocknen lassen.

5 Die verbleibenden beiden Rundholzstäbe (ø 1 cm, je 5 cm lang) in die Bohrungen leimen. Die Sterne auf der Unterseite mittig festkleben, den Figurendraht mit Holzleim in den Kugeln befestigen. Das Glöckchen an die Baumwollschnur binden und diese an den Figurendraht knoten.

6 Für die Schläger in die beiden Rundholzstäbe (ø 4 cm) mittig gemäß Abbildung ein Loch (ø 1,5 cm, ca. 2 cm tief) bohren und die beiden Rundholzstäbe (ø 1,5 cm, 62 cm lang) senkrecht in die Bohrungen leimen. Die drei verbleibenden Kugeln (ø 5 cm) gelb, rot und blau bemalen.

Spielregel

Die Tore werden in beliebigem Abstand aufgestellt. Jeder Mitspieler bekommt eine Kugel. Er muss versuchen, diese mit einem Schlag durch ein Tor zu schlagen. Schafft er es nicht, ist der nächste an der Reihe. Wer zuerst seine Kugel durch das Ziel geschlagen hat, ist Sieger.

Bastel-Tipp

Der Figurendraht lässt sich besser in den Bohrungen festkleben, wenn Sie die Enden zuvor mit Klebeband umwickeln.

SPIELE FÜR DRAUSSEN

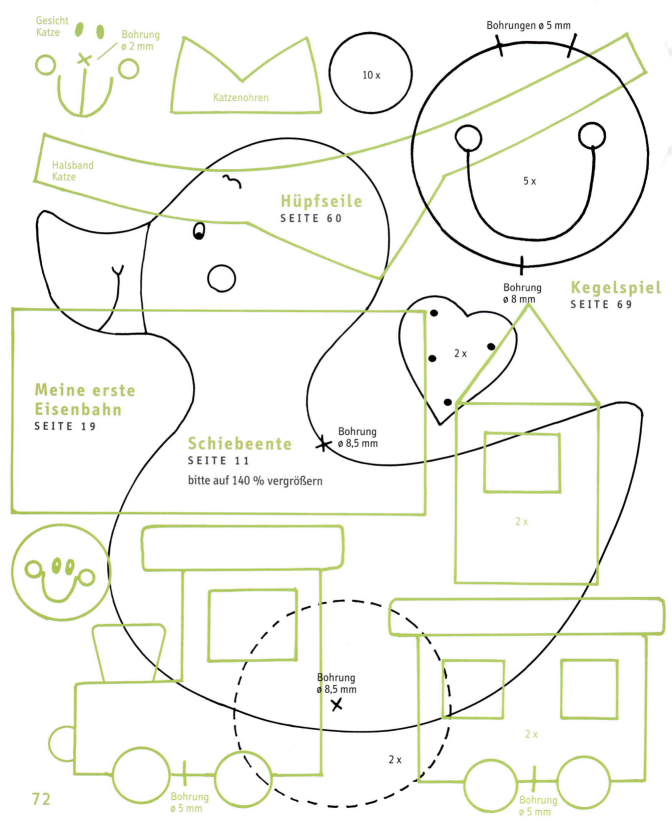

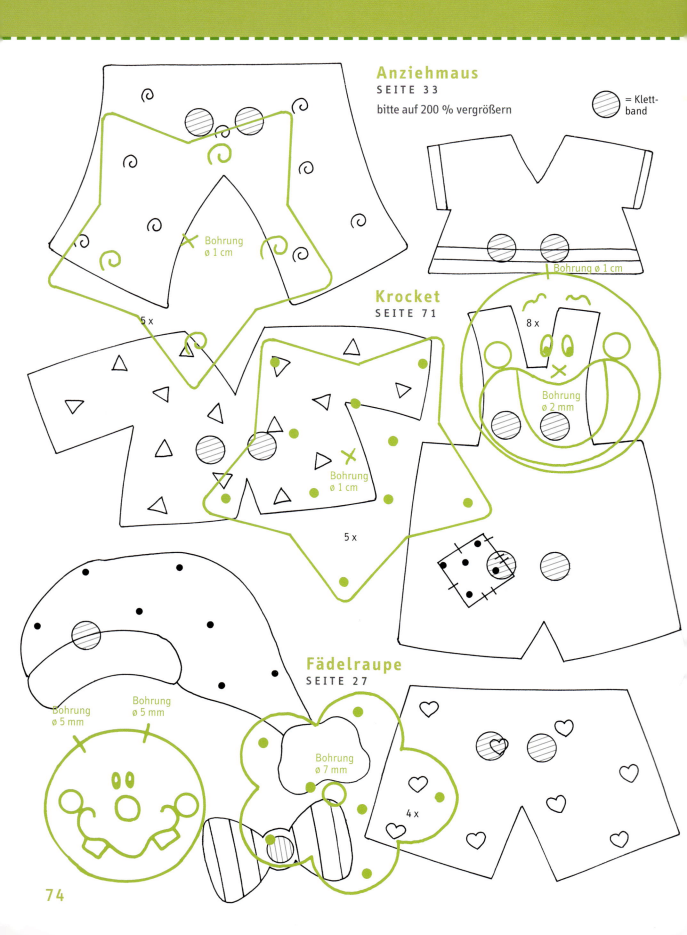

VORLAGEN

Lustiges ABC
SEITE 31

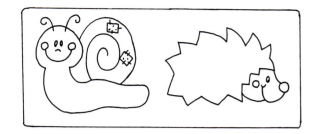

Legespiel
SEITE 35
bitte auf 220 % vergrößern

IMPRESSUM

MODELLE: Gudrun Schmitt

FOTOS: frechverlag GmbH, 70499 Stuttgart; Fotostudio Ullrich & Co., Renningen, Zefa/D. Attia (S. 6), Zefa/Masterfile/Mark Tomalty (S. 7)

DRUCK UND BINDUNG: Finidr s.r.o., Cesky Tesin, Tschechische Republik

Danke der Firma Rayher Hobby GmbH, Laupheim, für die Bereitstellung von Materialien.

Materialangaben und Arbeitshinweise in diesem Buch wurden von der Autorin und den Mitarbeitern des Verlags sorgfältig geprüft. Eine Garantie wird jedoch nicht übernommen. Autorin und Verlag können für eventuell auftretende Fehler oder Schäden nicht haftbar gemacht werden. Das Werk und die darin gezeigten Modelle sind urheberrechtlich geschützt. Die Vervielfältigung und Verbreitung ist, außer für private, nicht kommerzielle Zwecke, untersagt und wird zivil- und strafrechtlich verfolgt. Dies gilt insbesondere für eine Verbreitung des Werkes durch Fotokopien, Film, Funk und Fernsehen, elektronische Medien und Internet sowie für eine gewerbliche Nutzung der gezeigten Modelle. Bei Verwendung im Unterricht und in Kursen ist auf dieses Buch hinzuweisen.

Auflage:	5.	4.	3.	2.	1.	
Jahr:	2008	2007	2006	2005	2004	[Letzte Zahlen maßgebend]

© 2004 frechverlag GmbH, 70499 Stuttgart

ISBN 3-7724-5210-8
Best.-Nr. 5210

Ich bedanke mich bei meinem Vater, Herrn Erb, und meinem Arbeitskollegen, Herrn Michael Leukel, für die zahlreichen nützlichen Tipps. Besonderen Dank meinem Lebensgefährten, Herrn Karl-Heinz Tronich, für die tatkräftige Unterstützung zur Realisierung dieses Buches.